每一步都精进

你绕不开的 66 个职业发展关键难题

卢山 著

上海科学技术出版社

图书在版编目（CIP）数据

每一步都精进：你绕不开的66个职业发展关键难题 / 卢山著. -- 上海：上海科学技术出版社，2024.3
ISBN 978-7-5478-6536-1

Ⅰ.①每… Ⅱ.①卢… Ⅲ.①职业－应用心理学 Ⅳ.①C913.2

中国国家版本馆CIP数据核字(2024)第044771号

每一步都精进
你绕不开的66个职业发展关键难题

卢　山　著
责任编辑：沈　甜　楼玲玲

上海世纪出版(集团)有限公司　出版、发行
上海科学技术出版社
(上海市闵行区号景路159弄A座9F-10F)
邮政编码201101　　www.sstp.cn
常熟高专印刷有限公司印刷
开本　787×1092　1/32　印张　11.25
字数　202千字
2024年3月第1版　2024年3月第1次印刷
ISBN 978-7-5478-6536-1/C·4
定价：68.00元

本书如有缺页、错装或坏损等严重质量问题，请向印刷厂联系调换

推荐序

让每个人的职场都精彩

中国的职场概念,来得比较晚。

20世纪80年代我大学毕业时,还是国家统一分配,每个同学都进了国家机关和国营企业,第一代个体户根本没有大学生。

1996年我从工作了七年的新华社记者岗位离职,准备加入外企做公关。新华社干部局领导跟我说,想清楚了没有,走出这个大门,你就不是国家干部,而是一个社会青年了。

领导是为我好,领导当时没有想到的是,走出了那个大门,我走向了一个今天人人都不能回避的生存世界——职场。

国家干部和职场人相同的是,你都要努力工作,创造业绩,最大的不同是,前者是国家管你,后者是你要不断自主选择。

2006年,我在外企晋升到高管职位,同一批被提拔的

人接受培训,除了领导力、执行力、抗压力那些大道理,我只记住了CEO(首席执行官)和HR(人力资源)主管反复讲的一句话:

你们必须有照顾好自己的能力。

这句话有很多含义:身体要好,别病病殃殃的;自我能力要不断提升,别指望领导什么都教你;自我意识要强,领导不信任你了,能力顶不上了,自己想办法找出路,别赖着公司。

职场是一个丛林,它有一套参与者的生存规则。职场也是一个江湖,它有普世的人际关系规律,你更要创造自己的成长哲学。

改革开放40年,从最初的外企规则主导,到世纪初年中国互联网和工业企业崛起,再到今天巨头瘦身、小型化、碎片化的职场,经济、社会和商业潮流推动着我们每个人成长方式的演变。

我喜欢卢山新作的书名:每一步都精进。精进是一种态度,拒绝躺平,拒绝平庸,同时也是一套方法。这本书结合作者在跨国企业和民营企业的工作经验,将职场人在不同阶段的具体场景,用心理学原理做出分析,并提出行动建议,相信每一个职场人都能从中获益。

卢山是我的前同事,我在2010年出版了职场杂文集《金领手记:领导为什么不生病》,卢山说这本书给了他不少启发。职业经理人如何建立个人品牌，我们一直有路径相近的探索。

今天的职场，比我早年经历的外企环境，有了很大的改变。每个人都感到变化更快，关系更复杂，更"卷"，但职场也更加多元，选择的机会更多。

很多人想成为网红、知名博主，快速创业，立马挣钱。可是对大多数人来说，找一份好工作，经历一个完整的不遗憾的职场，是无法回避的选择。

在广阔而漫长的职场，你需要努力，需要运气，需要好领导。更重要的是不断挖掘自身的潜力，找到高效自我提升的路径。

希望《每一步都精进》能陪伴读者职业成长的重要时刻，成为短暂的迷雾中那盏发着微光的灯塔。

李国威
闻远达诚管理咨询创始人
新华社前记者、通用电气（GE）中国品牌与传播前总监

序
生活中不停奔跑，职业上持续精进

很喜欢《爱丽丝梦游仙境》里红桃王后说过的一句话：

在我们这个地方，你必须不停地奔跑，才能留在原地。

这句话深刻地反映了生活的真实写照。生活就像一台永不停歇的跑步机，我们则是那个在跑步机上奋力奔跑的人。只有当我们跑得足够快，才不至于被跑步机甩到后面，甚至摔到地上。

所以生活中的你，必须不停地奔跑。

"精进"这个词源于佛教。

佛教典籍《大智度论》中提到，精进是一切善行的基石，能够引领我们走向正道，甚至达到最高的觉悟。这就说明，精进是修行道路上不可或缺的基础。

如果用一句话总结什么是精进，那就是保持正念，持续地做一件事情并且不断提升自己。

所以，要想在职业发展上有所建树，就必须持续精进。

稻盛和夫在他的《干法》一书中是这么解释职业上的精

进的：

你要一心扑在工作上，专心致志于眼前所从事的工作，从而达到砥砺人格，提高修养的目的。

后来，他在另一本书《六项精进》里，总结出了六项精进法则：

一、付出不亚于任何人的努力；

二、要谦虚，不要骄傲；

三、要每天反省；

四、活着，就要感谢；

五、积善行、思利他；

六、忘却感性的烦恼。

稻盛先生认为，如果我们每天都能持续实践这六项精进，我们的人生必将更加美好，甚至超乎我们自己的想象。

职业上持续精进的更重要的意义在于自我实现。在广为流传的马斯洛五层需求层次理论中，自我实现是最高级别的需求，是人们不断追求实现自己的能力或者潜能，并使之完善化的需要。

前言

人人都会经历的职业生涯三部曲

《百岁人生：长寿时代的生活和工作》的作者琳达·格拉顿认为，随着寿命的不断延长，人的一生由最初以为的三个阶段（受教育期，就业期，退休期），发展成为四个、五个、甚至更多的阶段。

但对于一个人的职业生涯来说，却始终还是三部曲，即**职场生存**、**职业发展**和**职业转型**三个阶段。

职场生存阶段

无论你是刚刚离开象牙塔、步入社会的学生，还是为了持续发展，选择跳槽到一家新公司的职场老手，你都不可避免地要面对职场生存这个问题。职场生存周期，少则三到六个月（试用期），多则半年到一年（试用期延期），是你能否在一家公司发展下去最关键的时期。在这个时期，最重要的能力之一是**执行力**。

职业发展阶段

熬过了职场生存期,你的职业发展就进入了快车道,你开始规划中长期的发展目标,然后稳步向前。因为要发展,所以不可避免地要与更多的人打交道,这时候,**领导力**变成刚需,并且是职业发展期最重要的能力之一。

职业转型阶段

经历了职业发展期之后,你进一步认识了自己,开始寻求更符合长期职业目标的新方向。

职业转型大体上有两种。

一种是**主动转型**。你主动离开一个行业、一家公司、一个岗位,转型到更符合你的长期职业发展目标的行业、公司和岗位。这也包括在同一家公司内部的转岗,比如,你原来做研发,转去做采购。你原来是采购,转去做销售。

一种是**被动转型**。因为各种原因,你被失业、被裁员、被下岗了。如果是因为年龄的问题,可能你重回职场的概率也不大了。这时候,职业转型已经不是一道选择题,而是变成了必做题。

无论是主动转型,还是被动转型,不管你愿意不愿意,你都将面对一些全新的东西。在这个时期,最重要的能力之一是**学习力**。

职业生涯的三部曲，虽然大体上的框架没变，但是框架里的内容却始终在动态变化着。因为时代在变迁、组织在发展、职业变多元、技能在进化。

世界形态已经从原来我们熟知的 VUCA 时代（指 Volatile，Uncertain，Complex，Ambiguous 的首字母）转变到 **BANI 时代**，最典型的表现是**系统脆弱**（Brittle），**员工焦虑**（Anxious），**复杂度增加**（Non-linear），有些事情**越来越难被理解**（Incomprehensible）。

组织发展上，越来越扁平化，"去中心化"成为无边界组织的主旋律。另外，由于新冠肺炎疫情等诸多因素的影响，远程办公现已成为常态。而这些对于职场人来说，都需要一个适应的过程。

职业演变上，"主业副业孪生"变成很多职场人的标配。"副业+"是为了把主业做优，"+副业"是为了把副业做强，作为备胎也好，职业发展的第二曲线也罢，都是不错的选择。

技能进化上，因为人工智能的兴起，越来越多需要专业技能（"硬技能"）的岗位被取代，比如，客服、律师、程序员、行政人员、数据分析员等。通用技能（"软技能"）越来越凸显出重要性。

正如丹尼尔·平克在《全新思维：决胜未来的 6 大能力》一书中提到的：人类社会已经步入右脑时代，在这个时代,知识不再是力量。未来属于那些拥有与众不同思维的人,唯有拥有右脑时代的6大全新思维能力:设计感、娱乐感、意义感、故事力、交响力、共情力,即"3感3力",才能决胜于未来。因此该书的原文副标题的中文翻译是:为什么右脑思维的人会主宰未来。

目录

第一篇 职场生存的核心能力——执行力

005 / 1. 进入一家新公司应该注意哪些方面?
  008 / 职场心理学：蘑菇定律

009 / 2. 如何在一家新公司快速站住脚?
  013 / 职场心理学：首因效应

014 / 3. 职场礼仪 10 大生存术
  018 / 职场心理学：从众心理

019 / 4. 在职场中快速建立信任的一个秘诀
  022 / 职场心理学：镜像神经元

023 / 5. 什么是回应领导的正确姿势?
  027 / 职场心理学：老鹰效应

028 / 6. 与领导意见不一致，怎么办?
  031 / 职场心理学：观点采择

032 / 7. 如何在做错事时也能给领导留下好印象?
  035 / 职场心理学：态度与行为的关系

036 / 8. 上级从来不回复我的信息，怎么办?
  039 / 职场心理学：权威效应

第一篇 职场生存的核心能力——执行力

9. 直属上司抢了我的功劳,怎么办? / 040
职场心理学:安慰剂效应 / 044

10. 如何不拍马屁也能赢取上司的信任 / 045
职场心理学:信任效应 / 049

11. 为什么领导从来不生病? / 050
职场心理学:生理与心理的互动关系 / 053

12. 你发邮件应该抄送给谁? / 055
职场心理学:责任分散效应 / 059

13. 如何把你的专业能力变为专业权力? / 060
职场心理学:专精定律 / 064

14. 什么是矩阵组织?如何在矩阵组织中生存? / 065
职场心理学:选择困难症 / 069

15. 如何与职场中的小人相处? / 071
职场心理学:创伤后成长 / 075

16. 不怕"神"一样的对手,就怕遇到"猪队友" / 077
职场心理学:马蝇效应 / 081

17. 职场黑锅,背不背,怎么背?有哪些注意事项? / 082
职场心理学:自我宽恕定律 / 087

18. "空降兵"被架空了,怎么办? / 088
职场心理学:自我效能感 / 092

19. 职场中,比工作能力更重要的是什么能力? / 093
职场心理学:费斯汀格法则 / 097

20. 经济不景气时,企业和员工怎么活下来? / 098
职场心理学:心理韧性 / 102

103 / 21. 你们公司怎么卷的？CEO 是"首席解释官"
　　　106 / 职场心理学：习得性无助

108 / 22. 公司开始走下坡路有哪些标志？
　　　112 / 职场心理学：破窗效应

117 / 23. 什么样的领导力可以穿越周期？
　　　121 / 职场心理学：情绪智商

122 / 24. 管理的本质是什么？
　　　125 / 职场心理学：共情

127 / 25. 管理的基础是什么？
131 / 职场心理学：马斯洛需求层次理论之受尊重的需求

132 / 26. 如何让团队全身心投入？
　　　136 / 职场心理学：心流

137 / 27. 什么是未来组织最重要的职能？
　　　141 / 职场心理学：赋能

142 / 28. 如何管理 Z 时代员工？
　　　146 / 职场心理学：同理心

147 / 29. 如何快速适应变化？
　　　150 / 职场心理学：认知重构

151 / 30. 如何"用好"领导，做好向上管理？
　　　154 / 职场心理学：马斯洛需求层次理论

156 / 31. 如何跟爱挑剔的上司相处？
　　　160 / 职场心理学：自我情绪管理

161 / 32. 如何发展横向领导力？
　　　163 / 职场心理学：思维定式

第二篇　职业发展的核心能力——领导力

第二篇 职业发展的核心能力——领导力

33. 如何和下属"打成一片"? / 165
职场心理学:共生效应 / 168

34. 如何定义高绩效员工? / 169
职场心理学:人际互动模式 / 173

35. 如何做好绩效管理? / 174
职场心理学:期待效应 / 177

36. 带人之后总觉得时间不够用,怎么办? / 179
职场心理学:自我反思 / 182

37. 什么样的领导是值得追随的? / 183
职场心理学:自我管理 / 186

38. 如何"领导"上司一起完成一个项目? / 187
职场心理学:显要感 / 189

39. 女性领导如何发挥女性魅力? / 191
职场心理学:自我意识 / 193

40. 如何在工作中创新? / 195
职场心理学:逆向思考 / 198

41. 优秀员工提出离职,怎么办? / 200
职场心理学:情绪调节 / 203

42. 如何打进公司核心小圈子? / 204
职场心理学:路径依赖 / 207

43. 如何把你蹚过的坑变成护城河? / 208
职场心理学:归因谬误 / 210

44. 职场高情商沟通的7个习惯 / 212
职场心理学:非暴力沟通 / 216

第三篇 职业转型的核心能力——学习力

221 / 45. 人工智能时代，怎么学习不落伍？
  226 / 职场心理学：自我反省和反馈

228 / 46. 如何成功进行职业转型？
  232 / 职场心理学：心理调适

233 / 47. 不是"斜杆青年"，要不要培养"斜杠精神"？
  236 / 职场心理学：自我认同

238 / 48. 如何让别人主动给你推荐好的工作机会？
  240 / 职场心理学：网络化思维工具

242 / 49. 职场不相信眼泪，如何避免提了离职又后悔？
  244 / 职场心理学：顾虑清单

246 / 50. 中年人跳槽有哪些注意事项？
  249 / 职场心理学：自省

250 / 51. 简历可以随便发给猎头吗？
  254 / 职场心理学：等待价值

255 / 52. 离职的8大注意事项
  261 / 职场心理学：系统思考

263 / 53. 如何写一封得体的离职告别信？
  266 / 职场心理学：积极沟通

268 / 54. 职业空窗期要写在简历上吗？
  272 / 职场心理学：心理安全感

273 / 55. 面试中要特别注意哪些关键问题？
  278 / 职场心理学：凡勃伦效应

279 / 56. 如何给面试官留下好印象？
  282 / 职场心理学：积极聆听

第三篇 职业转型的核心能力——学习力

57. 面试完必做的一件事是什么? / 284
职场心理学：有效反馈 / 287

58. 换工作了，怎么搞定背调和反向背调? / 288
职场心理学：社交媒体分析 / 292

59. 怎么快速全盘了解一个全新的行业? / 293
职场心理学：探究式提问 / 297

60. 如何打造个人品牌的"护城河"? / 298
职场心理学：自我认知 / 300

61. 你凭什么能和优秀的人一起"混"? / 302
职场心理学：自我实现理论 / 307

62. 如何在有限的时间里通过阅读构建你的知识体系? / 308
职场心理学：自我决定论 / 312

63. 如何把1年的经验当10年用? / 313
职场心理学：挑战思维 / 316

64. 中年人如何避免油腻，提升职场竞争力? / 318
职场心理学：积极心态训练 / 323

65. 职场中年人还有能力选择吗? / 324
职场心理学：习得性无助 / 327

66. 人到中年，有哪些现象比工资低更可怕? / 328
职场心理学：自我激励 / 332

写在最后 "三力"合一，未来可期 / 333
参考书目 / 335

第一篇
职场生存的核心能力
执行力

记得我大学毕业后，在第一家公司第一天上班的时候，经理对我说："你是一个新人，希望你能迅速适应环境，然后 Quick Win，也就是尽快上手，尽快用结果和成绩来证明自己。"

后来，当我作为高管跳槽到另外一家公司时，CEO 也对我说了几乎同样的话："努力 Quick Win，我看好你！"

许多人对 Quick Win（速赢）这个词不陌生，它本来是一个质量改进领域的术语。

速赢，是指一个新的改进，在可见性、立即受益和快速实现方面均具备优势。它可以提升你在新角色或新项目中的信誉。速赢通常需要最少或不需要资本支出，并且有一个快速的时间框架。后来，这个词被引入管理领域。

《哈佛商业评论》在 2019 年 1 月的一篇文章中指出：速赢，是指在职务任期的早期，为业务成功做出的新的、可见的贡献。那些取得了速赢的人平均得分比没有取得速赢的人高近 20%。这是一个有力但不令人意外的发现，管理专家经常建议新晋升的高管快速上手。对于新晋高管，速赢对各方来说都是一种重要的保证：领导们希望看到自己做出了正确的晋升决定；团队成员据此来决定是否信任他们的新经理；同僚们以此来判断新来者是否和自己旗鼓相当。

要想速赢，你首先要快。天下武功，唯快不破。这里的"快"就是执行力的一种体现。为什么我要强调执行力，而不仅仅是执行呢？因为执行没有"力"，事事难落地！这个"力"可能是绩效目标，可能是回顾机制，也可能是你投入的资源和努力的程度等等。所以，缺乏力度的执行可能是盲目的、松散的、没有结果的、未达到预期的。

无论你是什么级别的新人，几乎都不可避免地要经历试用期的考验，少则三个月，多则六个月或者更久。你在试用期期间的表现决定了你能否在一家新公司里生存下去。

执行力强，你就能出结果，达到甚至超过预期，以此来证明你的价值。

综上所述，对于一个职场新人来说，执行力是职场生存这个时期的核心能力，它是让你有可能速赢的基础。

进入一家新公司应该注意哪些方面？

曾经有一位北京大学毕业的高才生进入了国内某大厂工作，被很多人看好，领导也计划把他作为重点对象来培养。不料这位北大高才生不知道被什么冲昏了头脑，入职仅一个月，就给公司大领导洋洋洒洒写了超过万字的谏言书，里面直指企业存在的诸多弊病。

这位新人本意可能是想通过谏言的方式引起高层领导的注意，获得重用。没想到，大领导看了他的谏言书后非常生气，把它转给了人事部门，并且批复："如果这位员工有精神病，建议送到医院治疗，如果没有精神病，建议人事部门开除。"

你看，妥妥的进入新公司后的"翻车"现场。

那么，为了避免类似的"翻车"情况，入职新公司时应该注意哪些方面呢？我建议遵循"6多1少"的原则。

"6多"分别是指多读、多看、多听、多想、多做、多问。

多读,指的是多读公司的规章制度。就如同玩游戏前需要了解规则一样,熟悉公司的基本规范能够帮助你在工作中避免不必要的误解和冲突,提高工作效率。

多看,指的是多观察公司的老员工、看看有经验的员工是怎么做的,他们的工作方式和生存之道对于新员工来说是宝贵的参考。在熟悉环境之前,保持低调,观察并学习。

多听,指的是在领导布置任务的时候,同事开会汇报工作的时候,或是茶余饭后的闲聊中,多听少言。这些场合中你不仅可以获取到正式的工作信息,还能了解到公司的一些"野史",这有助于你全面了解公司的情况。

多想,指的是对于听到的信息,需要进行独立思考。保持自己对事物的判断和认知,避免盲目跟从,尤其对于新员工来说,这一点尤为重要,否则很容易被忽悠到坑里。那句话怎么说的——被卖了,还帮人家数钱呢!人老实可以,但是这事咱不能干。

多做,指的是对于那些身体力行的事情,尽量多做一做。不要嫌弃琐碎的工作,诸如端茶倒水、买咖啡、带盒饭、拿快递等,这些看似不起眼的小事实际上能够让你接触到公司的各个层面,同时也能赢得同事的认可和好感。你帮了别人,就等于在"情感银行"里存了一笔钱,等需要支取的时候,就有人伸出援手。在职场上,多交朋友绝对是好事!

多问,指的是对于不懂的事情一定要问。这样做有三个好处：第一是显得你作为新人比较谦虚；第二是你可以把提问作为"探路石"，看看谁肯帮你，谁有真材实料；第三是你解决了自己的问题和困惑。有人可能纳闷了：为什么"多问"放在最后呢？不是有了问题就要及时问，以免走冤枉路吗？这话道理上是没错，但是实操上不建议遇到不懂的事张口就问，这是毛病。

你有没有这样的同事或者朋友，他们什么事情都是张口就问。比如，今天气温几度啊？下不下雨？某某城市有什么特色小吃等等。这些问题的答案本身可能不是显而易见的，但是只要上网搜一下，就能马上找到标准答案。可是他们偏偏不去做，而是上来直接问。结果就是：这样的人不招待见。因为你占用了别人的时间。这年头时间多宝贵啊！

这么做的结果就是：最后没人愿意帮你了。因为越是帮你，你的问题就越多。虽然明明自己动动键盘就可以搞定的。

最后的"1少"是指少说。

少说，是相对于多做而言的。初来乍到，新人对公司的环境怎样，水有多深，完全不了解，所以还是少说为上策。

回到开头那个例子：作为刚进入职场的新人，你对所处的行业不了解，对公司不了解，对环境不了解，对错综复杂的组织结构和人际关系更不了解。这时候，你能看到的问题，其实领导们早就看到了。"存在即有理""不是不变，时机未到"等等这些底层逻辑是一个新人无法理解的。

所以，遵循"6多1少"的原则，可以帮助你更好地融入新环境，减少不必要的误会，更快地适应新公司的文化和节奏。

这也是为什么我常常说，"知可不言，言可不尽"是职场生存之道。

职场心理学：蘑菇定律

蘑菇定律，原本是指长在阴暗角落里的蘑菇，因为得不到阳光又没有肥料，常面临着自生自灭的状况，只有长到足够高、足够壮的时候，才被人们关注。这是蘑菇生长必须经历的一个过程。

蘑菇定律提醒我们，职场新人在开始工作时可能会遇到类似的困境。就像长在阴暗角落的蘑菇一样，职场新人常常会被置于不受重视的位置，被安排一些琐碎的工作，甚至可能遭受无端的批评和指责，或者为别人背锅。同时，可能也得不到必要的指导和提携。就像蘑菇一样，人的成长也肯定会经历这样一个过程。

蘑菇定律带来的启示是：**作为职场新人，我们要有一种适应新环境的心态，比如，首先要降低期望，放下不切实际的幻想，在做到文章中提到的"6多1少"的基础上，努力适应新的环境。通过这些努力和一段时间的磨炼和考验，职场新人才有机会逐渐成长起来。**

如何在一家新公司快速站住脚？

我的一位学员，之前担任采购经理，不带团队的那种，负责诸如订单管理、到货跟进等等采购的执行工作，管理经验相对不足。他即将加入一家小型公司，担任高级采购经理，领导一个5～7人的团队。这对他来说是一个机遇，但也是一个不小的挑战。他问我怎么能在一家新公司快速地站住脚，顺利度过试用期，甚至取得更好的成绩。

他的初步想法分为两个方面。

在公司内部：

1）他准备与直属领导保持每周2～3次的沟通，了解领导的想法，重点解决领导关注的问题；

2）同时与公司内部有业务往来的职能部门的中高层管理者建立良好关系，了解他们需要采购部支持的问题，并进行优先级排序，解决重要问题；

3）多与下属沟通，了解实际工作中的问题并进行排序，解决重要问题。

在公司外部：对供应商进行评估，走访战略和重要的供应商，了解他们的现状和需要支持的地方。

我对他的想法表示肯定，并进一步展开建议，从宏观和微观两个层面进行分析。在宏观层面，我建议他要把握趋势，因地制宜，有的放矢。关键在于根据公司所处的发展阶段来规划采购工作（因为他是高级采购经理）。

公司处于初创期时，即从 0 到 1 的阶段，企业关注生存，此时对采购的要求是快速、高效、低成本，速度为王，非关键物料能用即可。

公司进入发展期时，即从 1 到 N 的阶段，公司开始快速扩张，此时追求业务增量，对采购的要求是满足量上的需求，做好风险管理，确保供应连续性，同时建立初期制度流程和采购战略。

公司步入成熟期时，即从 N 到 N+ 的阶段，公司业务稳健增长，此时关注稳中求进，不断巩固基础。对采购的要求是持续降本增效，完善制度流程，制定长期采购战略，培养中长期人才等。

公司进入转型期时，即后 N 阶段（Post-N），公司面临转型，此时关注稳中求变，对采购的要求是转变思维，尝试新思路、新技术、新方法、新工具等，支持公司转型。

在微观层面，我建议他把握三个要点：**读懂你的领导，搞定你的同事，管好你的下属。**

读懂你的领导的重要性不言而喻，读不懂的结果是南辕北辙，或者弄巧成拙，后果很严重！要读懂领导，就得多和他们交流。作为新人，在开始阶段"早请示，晚汇报"也不为过。当然，这跟领导的性格和偏好有关系。有的领导更关注细节，在意掌控感，这时候早请示晚汇报没毛病。有的领导更关注大局，喜欢放权，这时候应该适当控制请示汇报的频率。具体问题具体分析，先摸到领导的"脉"，你才是领导的"菜"。

关于沟通方式，大多数公司的领导，尤其是一把手都比较直接，所以想了解他们的需求，直接问就好了。当然，如果你有能力，就一定要让他们多做选择题，少做问答题。

搞定你的同事，一方面是因为这些人要不就是你的内部客户，要不就是你的业务合作伙伴。作为一个新人，能否在短时间内做出成绩，是需要这些人的支持和帮助的。同时，因为你是一个新人，你的领导可能会根据你的同僚的一些反馈来对你做出判断。

管好你的下属的主要目的是，确保他们为公司做出贡献，同时避免添乱。具体我给出三条建议。

一、找到痛点，解决问题

管理下属的第一步是找到他们面临的痛点，尤其是棘手的、亟待解决的问题。然后冲上去，把它解决掉。这些问题可能是组织的问题、流程的问题、人员的问题、工资福利的问题、供应商管理的问题、价格谈判的问题、争取资源的问题、为下属解决问题扫清障碍的问题等等。

二、赢得尊重，树立威信

帮助下属解决问题的过程，其实也是你在逐步赢得下属对你的尊重和树立你自己的威信的过程。因为在这个时代，尊重和威信越来越无法自动获得。

三、施加影响，建立规则

在有了第一和第二点的铺垫之后，你可以通过多沟通来增强你的影响力，因为领导力的核心是影响力。同时，要逐步建立起一整套的规则。规则的最大益处是，通过标准化减少内耗，同时最大程度地保证输出的质量。

最后，如何识别和分析公司的发展阶段？

简单来说，可以通过公司的成立时间、融资情况和行业地位来判断。这三个元素可以有很多组合，简单来说，可分为以下四个时期。

创业期：公司成立小于2年，融资处于天使轮到A轮，尚在摸索行业发展方向。

发展期：公司成立2～4年，融资处于B轮到pre-IPO，逐步确立细分行业发展方向。

成熟期：公司成立4～7年，完成IPO或成为行业细分领域头部企业。

转型期：公司成立8年以上，面临激烈竞争，转型与否不再是选择题。

职场心理学：首因效应

当你进入一家新公司，大部分事物对你来说都是陌生的。在这种情况下，你给人的"第一印象"就显得尤为重要，它取决于你如何在与领导、同僚和下属的互动中展现自己。

研究显示，人们更重视最初接触到的信息，并据此形成对他人的印象和评价。后来的信息如果与最初印象不符，往往会被忽略，这就是我们常说的"先入为主"。

首因效应，是心理学中的一个概念，指的是人们在初次交往中形成的印象，对今后的交往关系产生影响。**如果一个人在初次见面时给人留下良好印象，人们会更愿意接近他，也更容易了解他，这也会影响对他后续行为和表现的解读。**相反，如果一个人在初次见面时就让人感到反感，即使不得不与之接触，人们也会对他冷淡，甚至可能在心理和行为上产生排斥。

因此，理解和运用好首因效应，能帮助你更好地在新公司中立足。

3

职场礼仪 10 大生存术

一个工作日的早晨 7 点，我与中国和美国的同事开电话会议。会议内容分为五个部分，由五位美国同事轮流主持。会议一开始，主持人就提醒大家，如果不发言，请将麦克风调至静音，以避免干扰。前 40 分钟，一切进行得非常顺利。直到随着"滴"一声，一位同事拨入会议之后，不和谐的一幕发生了。他的麦克风没有静音，背景噪声不断，包括讲解声、交谈声、挪椅子的声音等等。

美国同事和中国同事纷纷提醒他，但遗憾的是，噪声一直持续，正常的会议已经无法进行。有人提议赶快找到这位同事，让他静音；有人说主持人把所有人的麦克风都静音。然而，当时的主持人对操作不熟悉，一时间找不到如何操作。最后，美国同事继续他的内容，这样的状况持续了近 30 分钟，直到有人将所有人的麦克风都调成了静音，噪声才消失。一个本应 90 分钟的跨国会议就这样草草收场了。

事后，我一直在思考一个问题：如果当时真的找到了他，结果会怎样？一句简单的"抱歉"就可以让一切回归正常吗？

职场，是一个没有硝烟的战场。每天，我们都面对着各种各样的人，解决各种各样的问题。**每次出场，都是一次展示自我的机会，效果好还是坏，全由我们自己决定**。由于职场中各种关系错综复杂，各种问题盘根错节，因此遵守职场礼仪很重要，即遵守那些在职场环境中人际交往约定俗成的东西，比如规矩、程序、方式、术语等等。职场礼仪不仅是个人素质和素养的外在体现，更是企业形象的具体化体现。

不符合职场礼仪的一言一行，举手投足间，都有可能给自己带来不必要的麻烦，甚至断送了职业前程。

又比如下面的两个故事。

故事一：有一位"学霸"去应聘某500强企业，表现突出，获得年薪30万的工作岗位，顺利受邀参加公司高管在座的面试饭局。席间，他自觉言行举止相当得体，可是，应聘成功的却不是他。这名"学霸"愤怒异常，觉得一定有黑幕。最终，招聘部门告诉他，他确实能力超群，被高管筛掉的原因是，在那个算是面试最终环节的饭局上，他从来没有对任何一名服务员表示过感谢。

故事二：因为工作上的事，一位员工需要打电话请示领导，领导说我正在市政府开会，加我微信说吧。加了微信他向领导汇报了工作内容，领导迟迟未答复。因为这项工作不能延误,所以他就又发消息又发语音催领导,甚至还点了好多次语音视频聊天。

可以想象,他的领导在市里一堆重要官员面前,描述着自己的商业蓝图,正酣畅淋漓,然后微信聊天的声音"丧心病狂"地响个不停……

基于以上的职场礼仪故事和经验,我总结出职场礼仪的5大要点与5大禁忌。

5大要点

一、开会时,尤其是与领导开会时,**务必将手机调至静音状态**。要让领导觉得跟他开会是当下最重要的事。

二、组织全球会议的时候,尽量**照顾人数占多的**地区,把会议安排在他们更方便的时间。这既体现着你的职业素养,也体现着你对他人的尊重。

三、与上级微信沟通时,尽量以**你的文字**而不是上级的答复,或表情作为结尾。通用的包括"谢谢","不打扰您了","您保重","周末愉快",等等。

四、签字的时候,不要太飘逸,以至于把别人的签字空间都占了。如果碰巧下一个签字的是你的领导,保不齐他会多想。**为别人留一点空间,就是为自己留更多机会。**

五、**善待公司的保安和保洁阿姨等服务人员**。因为与他们的相处从某个角度才彰显了你做人的本性。

5 大禁忌

一、**在职场跟人说话的时候尽量减少口头用语**,尤其是诸如"你明白吗?"这类反问句甚至是反诘句。至于脏字就更不能登上大雅之堂了。

二、**上班时少刷朋友圈**。当你的领导"不经意"从你身边走过时,你的拇指运动自然逃不过他的法眼。次数多了,被约谈的风险指数直线上升。

三、不论上班或开会,**不要迟到、早退**。若有事需要迟到早退,必定要前一天或更早就提出,不能临时才说。此外,太早到也是不礼貌的,因为组织者可能还没有准备好。

四、**不要不敲门而随便进入他人的办公室**。不敲门表示对对方不尊重,永远记得敲门。即使门是开着的,也要象征性的敲下门,然后探头询问是否可以进入。

五、**在开放办公区域打电话时不要影响到其他人**,不要让你的谈话内容路人皆知。

最后,我想推荐李国威的经典畅销书《金领手记》。2011年我参加通用电气公司(GE)中国领导力项目时,收到了李国威老师的亲笔签名书。这本书聚焦于职场生存和职场成长方面,解开了很多困扰职场人士的秘密,并且涉及了多个职场礼仪的话题。下面摘抄几段以飨读者:

关于领导的习惯,有的说职位越高,毛病就越多越古怪,也有一种相反的说法是，人职位越高就越随意，越淡泊。

根据我的经验，后面一种说法是文学，前面一种是现实。我们还是现实一点好。

领导最在意的是他在众人面前的感觉，所以，我们必须重视以下细节：

一、许多人在一起时，让领导一个人高谈阔论；

二、领导讲话时一定要笑，并且尽量真诚一点；

三、领导在活动、吃饭等场合提前退席，一定要送。领导说"不要送了，不要送了"，你千万不能听。

职场心理学：从众心理

在很多情况下，从众心理带有负面含义，它指的是个人在外界压力，尤其是群体影响下，放弃个人观点或违背个人意愿，以迎合群体的行为或言论，这种现象通常被描述为"随大流"。

然而，在职场礼仪的范畴内，管理者可以巧妙地利用从众心理来激发员工的积极从众行为，也就是促使团队成员倾向于跟随群体的行为。当团队中的个别成员发现自己的行为或观点与群体不一致，或者与大多数人有分歧时，他们会感受到一种压力，这种压力会推动他们调整自己的行为，以符合群体的规范。

在职场中快速建立信任的一个秘诀

概率前,我加入了一家世界 500 强企业,负责大中华区的供应链工作。我的领导是一个美国人。刚开始的时候,我觉得他过于严厉,喜欢直接提出尖锐的问题,并且步步进逼地挑战向他汇报工作的人。有些人在他的追问下晕头转向,有些人则被他的质问弄得目瞪口呆,汇报现场秒变翻车现场的情况时有发生。即使是我这个"职场老司机",也需要在汇报前做好充足的准备,以免被他问倒。

后来我发现他有一句口头禅:"But the question is ..."(但是问题在于……)

我每天都和他打交道,所以很快就将这句话运用得炉火纯青,尽管我以前几乎从不这么说。于是,在我给他汇报工作的时候,我常常会说,"... is good, but the question is we are running out of time ..."(某事不错,但是问题在于我们已经没时间了。)每次我这么说,他都会特别看我一眼,然后会心一笑,气氛立刻没那么紧张了。很快,我们之间建立起初步的信任,我开展工作也变得更加得心应手起来。

我的这个实践有一个术语,叫"镜子连环",指的是你的行为举止就像另外一个人的镜像一样。他怎么做,你也怎么做。你就好像镜子里的他。

作为职场新人,如果你想博取对方的好感,建立初步的信任,镜子连环是一个不错的战术。比如说你模仿对方说话时的神态、口音、用词、音调、语调、肢体语言等等。

为什么镜子连环能博取别人的好感?因为人天生都喜欢熟悉的事物,喜欢确定性。比如,每个人都喜欢自己(严重的叫自恋)。所以当你模仿他的时候,就更容易引起他的共鸣,博取他的好感,进而建立起彼此的信任,拉近彼此的关系。

同样的道理,你如果能模仿一些名人,就会博取这个名人粉丝们的欣赏甚至爱戴。比如,模仿迈克尔·杰克逊。再比如实力派演员,尤其是特型演员,不同于偶像派演员靠颜值,他们之所以受大众的喜爱,一部分原因正是因为他们惟妙惟肖的模仿了我们熟悉的伟人或者生活中的我们。

再比如,为什么谚语说,"老乡见老乡,两眼泪汪汪"?因为老乡之间有着相近的语言认同、文化认同、情感认同、习俗认同、地域认同等等。这也起到了"镜子连环"的效果和作用。

练习"镜子连环"一般需要三步:**细致入微地观察,刻**

意练习和**勤练习**。

第一步是细致入微的观察，找到对方言谈举止中的特点。比如，口头禅，口音或者招牌式动作，像杰克逊的太空步。这些可能是他们独一无二的，也因此更容易被识别，如果模仿得像就更容易被接受和认可。

记得我刚到北京打拼那阵子，一开口就会被人听出来是东北口音，也因此带来诸多不便。为了能够快速融入当地环境，我通过接触更多的北京朋友，留心他们说话的特点，比如说发音（像是儿化音，重音）、语调、特色词汇等等。然后经历下面第二步和第三步的"洗礼"，很快练就了一口流利的北京话，办起事儿来顺风顺水。

第二步是刻意练习。刻意练习不同于练习，前者有极强的针对性。针对那些高难的，有差异化的点刻意且集中练习。

比如，我上大学的时候冬天有滑冰课。绝大多数同学都选择花样滑冰鞋，因为冰刀较短，所以学起来更容易，而且更加灵活，但是滑不快。而真正的高手为了刻意练习，都选择速滑鞋，这种鞋的冰刀前后都很长。如果穿着这样的冰鞋，他们可以做出花样滑冰的动作，那换上花样滑冰鞋就更不用说了。

第三步是勤练习。勤练习的目的是为了达到熟能生巧、融会贯通、毫无违和感的地步，避免给人东施效颦的印象、出现张口忘词或者舌头打结的问题。

职场心理学：镜像神经元

你是否曾经注意到，当我们看到别人做某个动作时，我们的大脑会自动模仿这个动作？这就是我们天生的内驱力——镜像神经元在起作用。

镜像神经元是人体内的一种神经元，它的功能是观察别人的行为，并让我们的大脑模仿这个行为，就像是我们自己在做一样。例如，当你看到别人哭了，你也会感到伤心；当你看到别人受伤流血，你的身体也会感到不舒服。

通过镜像神经元，我们能够产生共情，从而产生怜悯、同情、同理心和慈悲心。这就是我们人类能够建立社会关系，形成团体，互相帮助的基础。

什么是回应领导的正确姿势?

在职场中,与上级的沟通是非常重要的。而回应上级的方式,尤其是回应大领导的方式,更是关键。正确地回应领导,不仅能体现出你的专业能力,还能展示出你的工作态度和愿力。那么,什么是回应领导的正确姿势呢?让我们先看一个案例。

上级:"某某某,上次你和我一起参会的项目还有印象吧?这个项目很重要,请你主导落实一下。"

下面是不同的下级的回复。

下级1:"收到。"

下级2:"好的,领导!"

下级3:"好的,领导,马上落实!"

下级4:"好的,领导,马上落实!预计2天可以完成,每天给您汇报进展情况。"

下级5:"好的,领导,马上评估!1小时内给您汇报实施计划和预计完成时间。"

以上是我在某社交平台发的一段话，有很多网友留言跟帖，我也大部分都回应了。选了几个和大家分享。

网友1："我一般就扣个'1'。本来嘛，两个字能回复，非要加成毫无营养的两句话，太卷了！"

我的回复："'字少，信息量大'这种回复方式更适合上级对下级，而不是反过来。"

网友2："这有啥好比较的，1可能是刚进公司的新人，给你个'收到'就不错了，又不知道自己干得了干不了。2和3可能是老一些的员工，知道自己能干就去干。4和5是进了公司最久的员工，知道公司流程，要干多久心里有数。无他，唯手熟尔。"

我的回复："分析得挺好的。但不是简单的熟能生巧。很多人，包括职场老司机也只是扣个'1'。"

网友3："没什么区别。领导只看结果。"

我的回复："首先，领导看结果没问题，但是只看结果就有问题了。因为过程决定了有所为有所不为，不择手段达成结果不应该是可选项。其次，你的回复就是初步结果，没有领导喜欢职场'黑匣子'——只是默默做事，从来不主动沟通，直到有一天把事情搞砸了领导才知道！"

网友4："作为一个基层干部，我想说，你怎么回复真的不重要，关键你到底做到没？因为我还要回复我的上级啊，你光回复积极没搞定事情，我怎么完成任务啊？"

我的回复:"如果回复的时候就不积极、不准确、不靠谱,结果恐怕也是很难保证的。"

下面是我针对领导提出的问题,每一个下级的回复的分析。

下级 1:"收到。"

分析:回复过于简洁,而且也不知道下级 1 要不要做,更看不出具体要做什么。上级可能心里打鼓,这个下级是愿力有问题,还是能力有问题?

下级 2:"好的,领导。"

分析:比下级 1 的回复稍好。"好的"可以理解为"收到,我会落实"。

下级 3:"好的,领导,马上落实。"

分析:比 1 和 2 好。不仅确认了收到任务,同时表示马上行动。上级收到后长舒了一口气。

下级 4:"好的,领导,马上落实。预计 2 天可以完成,要不要每天给您汇报进展情况?"

分析:比 1、2 和 3 好。不仅答应马上落实,而且给出预计完成时间,让领导心里有数。另外,针对汇报频率征求上级的意见。

下级 5:"好的,领导,马上评估。鉴于项目的重要性,1 小时内发给您实施计划。"

分析:比 1、2、3 和 4 好。"欲速则不达",针对上级提示的"这是个重要项目",评估、计划、和上级拉通对齐比马上开始做更重要。否则,如果方向和上级不一致,做得越快,错得越多。

补充一点:如果你的上级是大领导,你是中层,任务分解一般是下面展示的。

大领导:"这件事很重要,你落实下。"

中层:"好的,领导,今天下班前尽快给您初步方案。"

中层对基层:"领导指示要个方案,你下午两点前给我3～4个备选,我们过一下。"

基层对中层:"好的,领导,午饭前发到您邮箱或者方便的话,当面和您过一下。"

基层对一线:"大家好!请把手上的事情都停一停,领导临时下了任务,我马上和你们开个会布置一下,会后一小时内每人给我出方案。这是个重点项目,大领导很重视。其他工作如果耽误了,不行的话晚上加班赶回来吧。大家辛苦了!"

在这整个过程中,需要的是层层压实,而不是层层加码!不同的思维,不同的行动,会产生截然不同的结果。

总结一下回应领导的正确姿势。

首先,因为领导不会去猜测你的意图,因此,**你的回应需要直接、明确,让他一眼就能看出你的工作态度和能力。**

其次,要给出一个明确的时间表。布置给你的任务,你要回复预计何时能完成。**如果你能给出一个具体的完成时间，并且真的在这个时间内完成任务，那么领导会认为你是一个可靠的人。**

再次，要主动汇报工作进展。领导布置任务给你，就需要知道你的工作进度。**如果你不能主动汇报工作进展，那么领导可能会认为你对此任务的态度不够积极。**

最后，要展示出你的专业能力。要让布置任务给你的领导，确信你有能力完成这个任务。

职场心理学：老鹰效应

老鹰效应的本质是适者生存。一般来说，老鹰一次生下四五只小鹰，而老鹰每次猎捕回来的食物一次只能喂食一只小鹰，哪一只小鹰抢得凶就喂哪一只小鹰。于是瘦弱的小鹰吃不到食物最终都饿死了，抢得最凶的小鹰存活下来，代代相传，老鹰这个物种就愈来愈强壮。

职场中的老鹰效应和"会哭的孩子有奶吃"异曲同工。当领导布置任务，提出要求的时候，你的回应方式并不仅仅展示了你的能力，更展示了你的愿力和态度。**领导会更加喜欢那些无须多言就能心领神会，把事情办得妥妥帖帖的员工。**

6 与领导意见不一致,怎么办?

在职场中,与领导意见不一致是一个常见且微妙的问题。你可能会陷入两难境地:一方面,你不想成为一个只会附和的 Yes Man(应声虫),违背自己的意愿和判断;另一方面,你也不想公开与领导产生冲突,导致职场关系紧张。那么,遇到这种情况,应该如何应对呢?

关键在于要**换位思考,知可不言,言可不尽**。这并不是鼓励我们在交流时故意说话绕弯子,或者隐瞒事实说谎,而是强调在说话前要思考一系列相关的问题,比如,站在领导的角度,他为什么这么说?他说这些话的目的是什么?站在自己的角度,什么话该说,什么话不该说?应该在什么场合里说?应该用什么语气?对方可能有什么反应?我们该如何去应对?哪些词汇应该多用,哪些词汇是绝对不可以用的,等等。

举个例子。领导给你分配了一项工作,但是你评估下来发现自己的能力可能不足以胜任,怎么办?直接拒绝吧,怕以后连机会都没有了，更怕让领导下不来台。接手吧，又怕自己真的搞砸了！

这时候，我首先建议你换位思考。你要试着站在领导的角度来理解领导的意图，而不是急于否定领导的提议，甚至试图去说服领导他这样想是错误的。这样做很容易激怒领导，会对你很不利。

因为所处的位置不同，所以站的高度不同，看的角度不同，掌握的资源也不同，因此，不同的人对待同一件事会有不同的看法。如果我们有机会，有能力从领导的角度出发看待问题，看看他的建议背后有什么样的逻辑，你才可能真正理解你的领导。

其次，在沟通方式上，我有三个建议。

一、尽量少说"不"。 不管领导给你下达什么样的命令、分配什么样的任务，你都应该首先用肯定、积极的回答来作为回应的起点。因为领导都喜欢有愿力的员工，他们欣赏那种敢于接受挑战的员工。

不用过于担心只有你看到了困难和阻力，因为这些理论上领导早就经历过了或者预料到了。既然他把任务分配给你，他应该是考虑周全了，也会全力支持你。毕竟，你的成功证明领导独具慧眼。除非他是有意给你穿小鞋或者甩锅给你。那就要另当别论了。

二、如果是领导当众指派给你任务，一定不要说"不"。

这个场景下，不是你要表现得谦虚的时候。你应该先承担下来。如果有隐情，你可以私下找到领导去沟通和交流。当众对领导说"不"是职场的大忌。

有人可能说了，当众不能说"不"，那我提个建议总可以吧？

那要看你提的是什么建议。千万不要打着提建议的幌子，实则是对领导说"不"。你的建议最好是基于领导想法的锦上添花。私下提建议还有退路，当众提建议难有出路。

三、在表达不同观点时，要讲究方法。不直接说"不"，你也可以说出你的顾虑。也不要用"好的，然而……"或者"好的，但是……"这样的句式，因为这种句式会给当事人带来一个负面印象。你可以考虑使用"好的，并且……"这样的句式。

举个例子，你可以说："好的，领导的建议很棒！并且我也考虑了其他几个方案供参考。"

无论何种情况下，给领导提供其他方案都是尤为重要的！

如果因为有些情况领导没有考虑到，你也确实做不到的时候，千万不要空口无凭地就说"做不到"，而是应该准备好充足的数据，让数据说话，也就是把数据摆出来和领导一起讨论，相应的结论往往是呼之欲出的。让领导自行得出这个结论，要比从你的口中说出该结论强一万倍。

总之，在职场中，我们要学会换位思考，站在他人的角度去理解问题，这样才能更好地处理与领导的关系，避免冲突和矛盾。同时，我们也要学会如何有效地沟通，如何表达自己的观点，这样才能在职场中更好地展现自己，赢得认可和信任。

职场心理学：观点采择

心理学告诉我们，想要真正理解他人，我们需要具备一种能力——观点采择，即换位思考。这是一种重要的认知技能，它能让我们站在他人的角度去理解他们的思想和情感。具备这种能力的人，不仅能意识到别人有不同的观点和情感，还能像旁观者一样理解人与人之间的互动。

在职场中，无论是领导还是员工，掌握观点采择的能力都能帮助我们更好地处理冲突和矛盾。举个例子，如果一个领导能站在员工的角度去考虑问题，他就能更好地理解员工的需求和困难，从而制定出更有效的管理策略。同样，如果**一个员工能站在领导的角度去思考，他就能更好地理解领导的期望和要求，从而提高工作效率。**

如何在做错事时也能给领导留下好印象？

人非圣贤，孰能无过。在职场中，新人难免会犯错误。那么，当职场新人犯错时，可能的结局有哪些呢？

至少可能有以下三种。

结局一：从此默默无闻。因为彻底歇菜了！

结局二：从此郁郁寡欢。因为上升通道受阻了！

结局三：剧情出现反转。因为做错了事，给领导留下了好印象？！什么，还有这样的好事？

我有一个朋友K先生，是一家公司主管财务的大领导。有一次，一个出纳在给供应商付款的时候，居然多付了50万，K先生很不高兴，这么简单的事儿都能犯错误！他把出纳叫过来问怎么回事。

出纳一进K先生的办公室，就立刻说：

"领导，对不起！今天给供应商多付款这事儿，是我疏忽了，是我错了！后续我们是这么处理的：

首先，我们给供应商打了电话，确认他们确实多收了50

万货款，并且留下了证据。后来我们了解到，供应商目前面临资金短缺的情况，如果我们不追回这 50 万的货款，他们愿意在下一个 100 万的订单中给我们打 9 折。我跟采购商量了一下，建议不追回，您看呢？

其次，我把这两天付出的货款又复查了一下，确保其他货款支付正常。

最后，我给对外付款增加了复核环节，避免以后出现类似的情况。

您看这样处理行吗？您还有什么指导和建议？"

本来火冒三丈的 K 先生听完了出纳这一番陈述，不仅火气消了一大半，心里还有点欣赏这个出纳的做法。因为她不仅及时纠正了错误，还做了纠正措施，即复查这两天的其他付款。甚至还制定了预防措施，即增加了复核环节，可谓一箭三雕。

结合这个案例，我们来看一下，如何在做错事的时候也能给领导留下好印象。

一、认识到自己的错误时，应主动承认错误，立即改正错误，并且及时与上级做沟通。这里，"主动""立即"和"及时"三个词是最重要的。"主动"是让领导看到你的态度；"立即"和"及时"是为了帮助止损，避免你造成的错误发展到不可收拾的地步。

二、要主动承担责任并提出解决和改进方案，表明自己的决心和能力。比如，采取纠正措施。即在同一类事件中检查是否有犯同类错误的风险,如果有,要马上消除这个风险。制定预防措施,避免同样的问题重复发生。同时,接受建议和指导,找到有效的解决问题的方法。

三、要反思总结并且同步给领导。在错误得到妥善解决之后,要进行适当的反思总结,意识到自己的问题,并不断改进和提升自己的工作水平和职业素养。

其实,这个三步走的纠正预防措施就是"亡羊补牢"的三个境界。第一个境界,发现羊丢了,认识到是自己疏忽了或者因为没在意,没有及时采取行动。赶紧补上了最明显的那个窟窿。第二个境界,不仅补上了最明显的那个窟窿,而且检查了整个羊圈,并把其他的小窟窿也都补上了。此外,还加固了羊圈。这样做,既让羊没有逃跑的机会,也可以阻止狼进来吃羊。第三个境界,反思总结,由被动应对问题到主动发现和解决问题。这是个层层递进、由里及表的过程。即从认识到是自己的问题,到解决问题,再到纠正预防措施,再到变被动为主动。

现实中,能做到这一点并不容易。所以即使是在犯同样的错误的情况下,因为处理方法不同,也会有三个不同的结局。我们试着推测一下,结局一和结局二中的新人到底是哪里出问题了?

结局一:从此默默无闻。因为彻底歇菜了!

在这种情况下,大概率是新人连第一境界都没有做到,即没有认识到自己的错误，甚至领导责备的时候，还在极力为自己辩解，导致领导对其为人产生了怀疑。这无异于自毁前程。

结局二：从此郁郁寡欢。因为上升通道受阻了！

这里的新人大概率是徘徊在第二个境界。虽然承认了错误、解决了问题，但是针对错误造成的损失没有反思总结。结果是，领导认为你做事欠考虑，不稳妥，缺乏主观能动性，自然也就不会重用。

职场心理学：态度与行为的关系

态度决定了我们对个人或事物积极或消极的评价，这种评价通常源于我们的信念，并表现在我们的感受和行为倾向上。

态度能够影响我们的行为。以文中的 K 先生为例，当得知问题发生后，他在见到出纳前就已经对出纳有了负面的态度，因此，他表现出的态度也是对其不满的。

反过来，行为也能够影响态度。这种行为可能是我们自己的，也可能是他人的。比如，当出纳解释了如何妥善处理问题后，K 先生紧缩的眉头舒展开了，他的态度也从负面逐渐缓和，并慢慢转向正面，从而对出纳产生了好印象。

在工作和生活中，如果我们能够善用态度和行为的相互影响，往往能够达到意想不到的效果。

上级从来不回复我的信息，怎么办？

一个朋友向我吐槽："我在工作上算是比较积极主动的那种，而且解决问题的能力也很强。但是上级从来不回复我的信息，怎么办？"

我想将这个话题展开（横向），再深入（纵向）地谈一下。下面的剖析和建议有两个前提假设：1. 上级的人品没问题；2. 你和他的三观，尤其是价值观是趋同的。

首先，我分析下这个情况的影响。无论是什么背景下，上级从来不回复你的信息肯定不是件好事。如果你说，我的上级就是这性格，那我劝你还是趁早"炒"了他吧。时间宝贵，浪费不对。一个时时刻刻都需要下属去猜答案的领导是不值得追随的。更重要的是，领导"从不回复"会给你的工作带来很不利的影响。

一、这会让你很迷茫。不了解领导的意图，你不知道下一步该怎么走。

二、当你需要不断地揣测上级的意图，琢磨他的想法时不会有工作效率。没有效率就很难有好的绩效，从而形成恶性循环。

三、长时间得不到回复，可能会让你感到被冷落，产生挫败感，甚至影响心理健康。

因此，我们必须重视这个问题，并从根本上解决它。我们要剖析问题的本质。上级不回复可能有以下原因：

一、你的信息发送时间不是上级的阅读时间。

作为领导，文山会海一般是少不了的。如果你发信息的时候他在开会，甚至在发言，那信息估计都无法及时看到，铁定也不会及时回复了。如果信息有时效性，过了时间节点他就觉得没有回复的必要了。

二、上级觉得你的信息对他来说不重要。

人们往往都觉得自己的事情是最重要的。但是在职场上，主动权掌握在上级手里，所以时刻与上级沟通，了解他们的需求优先级很重要。上级一般都更忙，发信息时要先过滤掉不重要的信息。否则很容易让上级觉得你抓不住重点，慢慢就无视你的信息了。

三、上级对你提供的结果不满意。

如果一件事情，你交付了第一次，他不满意，然后耐心地给了你操作层面详细的反馈。你交付了第二次，他还是不满意，并且给了你更多方向上的建议。你交付了第三次，他不回复了。于是你心里有一万匹马在奔腾……

四、上级对你这个人不满意。

当我们自己觉得"我工作上是比较积极主动的,解决问题的能力是很强的……"的时候,我们的上级也一定是这么觉得的吗?并不一定啊!两者之间的差异叫"认知差异"。这个差异会让你和上级不同频,进而你的事情在他那里没有优先级。

最后,我来讲如何解决问题。上面两步是分析问题和剖析问题的过程,真相是需要用行动的结果来检验的。

首先,针对上面分析的原因,我们需要采取一定的措施。以下是一些建议。

一、要选择合适的发送时间。你要充分了解领导的工作习惯,尽量在他们比较空闲的时候发送信息。

二、要确保信息的重要性。在发送信息前,你要先评估一下这条信息对领导的重要性,确保它是值得关注的。

三、要提高工作质量。你要努力提高自己的工作质量,确保交付给领导的结果能够令他们满意。

如果还是不能解决问题,建议你找机会和上级深度交流一下,可以委婉地用"5个为什么"提问的方法(详见我的另一本书《每句话都值钱:优势谈判的35个沟通模型》),找到上级从来不回复你的信息的真相。这样做的好处有三个:

一、积极主动地找上级解决问题远远好过被动地在原地等待救援或者指令。因为积极主动是个良好的态度。很多时候态度比能力重要。

二、不去找上级沟通,你就无法验证自己的分析对不对。这就好比人不照镜子,就不知道自己的仪表到底怎么样?所以通过沟通获得的正反馈和负反馈都是有价值的。

三、找到问题真正的症结所在才能真正地解决问题。

职场心理学:权威效应

权威效应,又称权威暗示效应,是指当一个人地位高、威信强时,他所说的话和所做的事往往能引起他人的重视,并使人们相信其正确性。在职场中,这种权威效应会导致一些问题,如上文提到的"上级不回复信息"的情况。

当遇到这种问题时,我们首先要避免陷入主观臆想,认为上级可能是不喜欢自己,或者轻视自己,忽略自己的想法和感受,甚至认为上级这样做是故意让自己难受,想要赶走自己等等。这些想法都可能导致自我怀疑和自我否定,对解决问题不利。

正确的做法应该是,找一个机会,和上级进行开诚布公的谈话。这样不仅可以找到问题的真正原因,更重要的是,可以卸下思想包袱。有句话说"任何事情都是可以谈判的",我更相信任何事情都是可以沟通的。

直属上司抢了我的功劳,怎么办?

你遇到过直属上司抢下属的功劳这种事儿吗?

这并非偶然现象,而是相当普遍的。让我们看几个小故事。

默默付出却未得到应有的认可

领导拿着一叠文件找到小刘,轻描淡写地说:小刘,抽时间把这些文件翻译成英文。明天上级来视察的时候要用。量也不大,看看今天能不能加个班做完。功劳少不了你的。

小刘本来计划按时回家陪孩子玩的。一听这话,赶紧接过文件忙活起来。这一忙就是大半夜……

第二天,领导在上级面前展示了翻译的成果。上级表示很满意,还特意指出翻译的很精准等等。听到这些,领导忙不迭地补充说:翻译到这个程度,花了他自己大量的心血。却只字未提小刘的付出。

项目成功，功劳却被上司独占

公司在做一个大的成本节省项目，由采购部牵头，同时包括财务、研发、生产、质量等等相关部门。采购 VP 亲自出马担任项目经理。

从规划到制定战略，再到层层把关，采购 VP 都是亲力亲为。项目执行层面上，采购经理 Jason 一直都是主力。不仅保质保量完成，而且力求多快好省。采购 VP 多次称赞 Jason 执行力强，对这个项目功不可没。其他部门也都全力支持这个项目。最后，项目圆满成功！

在项目表彰会上，作为项目负责人，采购 VP 受到了 CEO 的嘉奖。他很感慨地说：团队的贡献是巨大的。包括财务的 Mary，质量的 Ally，采购的 Jason 等等都为这个项目的成功付出很多。

Jason 原以为采购 VP 会重点表扬他的贡献，因为项目执行过程中确实遇到了很多的困难和挑战。他都一一化险为夷。可是看这场面，上司风光无限，其他支持部门也被表扬了，自己却变得默默无闻，不免有些失落。

学术论文，署名权被上级霸占

Peter 和几位同事受到上级的邀请，一起撰写一篇学术论文。

上级（Frant）已经是业界大牛，颇有影响力。所以Peter和同事们一样摩拳擦掌，跃跃欲试。Peter写了论文的大部分内容。

可是等到论文发表了，Peter发现署名里居然没有他，只有Frant一人。Peter顿时觉得很不爽。这篇论文他有贡献，凭什么只有上级的名字？他觉得是上级抢了他的功劳。

看完以上三个故事，请思考一个问题：下属的功劳，果真是上级抢了，还是下属自己想多了？是领导犯糊涂，还是人品有问题？

第一个故事中，上级明显抢了小刘的功劳。

第二个故事中，Jason在事后找到了采购VP，说出了他的心里话。采购VP拍了拍他的肩膀说："你做出的贡献毋庸置疑！只不过在那个公开场合，对其他部门的同事表扬到位，有利于我们部门以后开展工作。希望这一点你可以理解。"

第三个故事中，Peter后来通过其他渠道了解到，上级邀请他们参与撰写这篇论文，就是为了给他们锻炼的机会。论文只署名一个人，是因为只有他的知名度才能让这篇文章更为广泛地传播起来。对于Peter和其他同事的感谢，他们的名字和贡献在论文的致谢部分确有提及。

所以你看，遇到事情，不要过早地下结论。

但是如果是碰到故事一中的上级,抢你的功劳没商量,该怎么办?

在你还认可你的上级的人品的前提下,有三个建议。

一、委婉提醒。

你可以提醒上级说:"那个想法受到了大领导的表扬,我也备受鼓舞!不过当时提出这个想法的时候还不太成熟,我要不要再把它优化一下,然后把细节汇报给大领导?"

二、幽默化解。

和上级半开玩笑说:"如果您把我的名字也写上,弄不好真的会增辉啊。因为我叫谢增辉。"

三、以德服人。

有机会当众汇报分享的时候,可以有意无意提到上级的名字。并列举他给予你的支持和理解的一些细节。领导大多很聪明,一点就明白了。

最后,分享一个畅销书作者吴军的故事。他在美国读书时,有一位导师每次在论文署名时,都会把曾经对这篇论文提供过帮助的人统统都写上。吴军老师问他导师为什么要这么做,导师说:"人要有感激之心。凡是帮助过他的人,他都会用这种方式表达感激。"

对于别人的帮助,我们应该抱有感激之心,并在适当的时候表达出来。这样的领导,才能赢得下属的尊重和信任。

职场心理学:安慰剂效应

一个人的信念和期望,对他的身心健康有着重要的影响。**安慰剂效应,指的是人们对于某种治疗或干预的期望和信心,会影响到实际的疗效**。比如,患者在接受治疗时,由于对医生和药物的信任,而产生的一种自我安慰和自我治愈的心理效应。

安慰剂效应在职场中的应用,可以帮助上级更好地理解和满足下属的需求和期望,从而提高下属的工作满意度和效率。同时,上级也应该注意,不要忽视下属的付出,对于他们的贡献应给予他们应有的认可和赞扬,以维护良好的工作关系和团队合作。

如何不拍马屁也能赢取上司的信任

两个领导在闲聊。

A 领导:"我说,你身边有没有一群人老是拍你的马屁?你感受怎么样?他们可信吗?"

B 领导:"有!哪个人身边都有这样的人。大多数时候感受还是挺好的。不过,我不喜欢那种无中生有的马屁。我觉得,在工作中有能力、出活儿,才是赢得信任的关键。"

我很支持 B 领导的观点。其实,如何赢取信任是一个复杂的话题。不过职场中,我们总能发现有一群人不拍上司的马屁,但是照样能赢得上司的信赖,甚至"混"的风生水起。这里面有什么奥秘呢?

根据多年的观察和实践,我总结了 20 个字:**向上负责、技术过硬、情绪稳定、为人正直、做事靠谱**。

下面,我们逐个看一下这些关键词。

向上负责

职场中,我们听到太多人讲向上管理,但是比向上管理更重要的是向上负责。具体表现是:首先,要有责任感和服务意识,尽可能满足上司的需求,并争取做到更专业,让上司看到你是一个可信赖的人选。其次,要与领导建立良好的沟通反馈机制,让自己能够及时了解上司的意见和需求,同时也能及时给出自己的反馈建议,让上司看到你对工作的认真态度。最后,主动向上司请教和学习,寻求更多发展机会和挑战。

技术过硬

技术过硬一方面指的是对技术的精通程度,另一方面,指的是技术在公司范围内的稀缺性。比如对于某项工作,公司里只有你可以做。这可能是因为资质的原因,比如我们熟知的注册会计师 CPA(Certified Practising Accountant),六西格玛黑带大师 MBB(Six Sigma Master Black Belt)等等。也可能因为专长的原因,比如你对某一个领域的研究之深入无人能敌,而这个领域是公司需要的。

还有可能是因为人际关系的原因。比如,我认识一个做关务的朋友。在这个岗位上做了 20 多年,海关那边从上到下都认识和尊重他。公司这边在关务上有个大事小情,他出马基本都可以摆平。别不服！这还真是门稀缺的"技术"。这样的人才无须拍马屁，有时候遇到一些棘手的事情，领导要反过来拍他的马屁。

情绪稳定，胜不骄败不馁

情绪稳定属于软技能，而且被认为是最重要的软技能之一。

在职场中，能够控制自己情绪的人被认为具有高情商，他们能够在各种情况下保持冷静，不会因为一次失败而气馁，也不会因为一次成功而骄傲自满。这种情绪稳定性使他们在工作中更加可靠，也更能赢得上司的信任。

如果控制不好情绪，轻则搞砸一个项目，重则得罪一群人，甚至把领导都得罪了。这绝不是领导希望看到的。所以说，会拍领导的马屁只是情商里的小聪明，情绪稳定才是情商里的大智慧。

为人正直

一个有原则、有底线的人，不仅在道德上值得尊敬，而且在职场中也更可能赢得信任。正直的人会遵守公司的价值观，不会为了短期利益而做出有悖原则的事情。

领导嘴上不说，但是心里都会更青睐为人正直的人。而那些没有底线、不择手段、见异思迁的人，领导短期或许可以拿来用一用，比如临时"当枪使"，但是从长远的角度考虑，不仅不会重用，还会一直提防这些人，因为不知道什么时候他们就会背叛。

是不是为人正直，从很多小事就可以看出来。比如，偷不偷懒、爱不爱占小便宜、做事是否认真负责、遇到问题愿不愿意甩锅、如何对待比自己职级低的人、能否主动热心的帮助有需要的同事等等。

做事靠谱

靠谱是赢得信任的关键。要靠谱你需要能够按时完成工作，及时向上司报告进展，并在遇到问题时寻求帮助。下面讲个小故事来说明如何靠谱。

领导交给小李和老王每人各一件事。

自从领了任务之后，小李便没有了音讯。领导完全不知道事情到底办得怎么样了。直到有一天，领导终于忍不住问小李怎么样了，小李沮丧地说，搞砸了！因为缺这少那，大家也不配合云云。领导听了火冒三丈，批评小李，需要帮助你倒是说话啊！我以为一切都很顺利，就等着你凯旋呢！

而老王则是每周给领导汇报总体进展情况，有哪些关键点，下一步要做什么，遇到什么挑战，需要什么支持和帮助等等。最后，老王顺利完成了项目。

后来领导逢人就说：老王做事靠谱，事情交给他我放心。

职场心理学：信任效应

信任效应，是指**由可信度高的信息引发的信任行为**。要理解这个概念，我们可以从三个主要影响因素入手。

首先，信息源的专长。专长指的是信息源在特定领域是否具备专业知识或权威性。如果答案是肯定的，那么人们更容易产生信任效应。例如，在本章中提到的"技术过硬"，就是一个展示专长的例子。

其次，信息源的可靠性。一般来说，如果一个信息源的可靠性较高，那么信任效应就会更强。可靠性主要涉及信息源所提供信息的真实性，即其动机是否值得信赖。在本章中提到的"做事靠谱"，就是一个展示可靠性的例子。

最后，信息源的信誉。信誉，是指人们对信息源的整体印象，包括其人格特质和声誉。如果信息源的信誉高，人们就会更愿意信任他，从而产生信任效应。根据亚里士多德的观点，人格印象的好坏取决于明智、品德和善意。在本章中提到的"为人正直"，就是一个展示信誉的例子。

为什么领导从来不生病？

在职场中，你是否曾疑惑：领导们为何总是精力充沛、神采奕奕，仿佛疾病与他们无缘？

一位外国高管，50岁出头，标准的工作狂，做事干练，走路带风那种。他每次出差来中国，基本都不用倒时差，常常是红眼航班到达，深夜入住酒店，然后第一件事是直奔健身房。大汗淋漓后酣然入睡，第二天一整天都精力充沛，该干嘛干嘛。

下面是我和他的一段对话。

我："您看起来总是精力充沛，每天工作时间超过12个小时，而且就没见您生过病！"

外国高管："谢谢您！当然我也会感到疲倦，会生病，也会受伤。前两天打高尔夫的时候我还伤了左臂。"

我："可是您看起来总是能量满满。您是怎么做到的？"

外国高管："这是多方面的。首先我坚持运动，早晨一般会跳绳，偶尔练举重，周末天气好的话约上朋友骑行。其次我很关注每天的饮食，会确保营养均衡足够，尤其是蛋白质的摄入。而且我每天都补充维生素 D。最后，我想自律很重要，比如餐后不能吃一大块提拉米苏蛋糕，但是可以尝一小块。"

"我其实对美食很感兴趣，所以很多时候心中会有两个小人打架。好在大多时候理性占据了上风。"外国高管笑着补充道。

领导们不生病的智慧有哪些？根据观察和实践，我总结了以下三个维度。

饮食上营养均衡

每日三餐都保质、保量，是保证体力的基础。

无论是主食还是蔬菜，尽量吃未加工的或者加工工序少的。因为加工的工序越多，食物本身的营养成分损失得就越多，同时可能出于外观、味道等方面的考虑，加入人工色素、甜味剂等等。以土豆为例，健康指数由高到低的次序是：蒸（煮）土豆→土豆泥→炒土豆→炸薯条。

有条件的话，建议每天吃维生素和坚果。坚果可以根据自己的身体情况和偏好选择，比如常规的包括巴旦木、腰果，夏威夷果、松子等。吃核桃还可以健脑。但是要注意一天总摄入量不能太多，每种坚果总量控制在 8 粒以内。

出门在外的时候，由于时差、行程、日程等问题往往睡不好或者睡不够。在这种情况下，更要吃好。因为出门在外的时候更耗体力，比如旅行或者出差开会等等。这个时候无须再顾虑卡路里，因为增加的卡路里基本都被消耗掉了。当然如果能在酒店里健身就更好了。

体能上坚持锻炼

没有强壮的体魄，出色的体能，一切都是浮云。因为所有的工作到最后拼的都是体能。

坚持锻炼的重点在于"锻炼"，难点在于"坚持"。

比如，苹果 CEO 库克每天早上 4：30 起床，5：00 准时出现在健身房。星巴克 CEO 舒尔茨每天也是从健身开始，通常是和他夫人一起骑车。

我还有一个建议是：尝试站立工作。

"站立办公"最早起源于德国的部分中小学，因为学生体重增加过快，德国汉堡等城市的中小学里，学生每天在专用教室内上课。据悉，这些学校的孩子体重平均减去 2 千克左右。现在，德国公共部门也提倡站立办公。

站着工作让我们保持旺盛的精力，注意力更加集中，无法打瞌睡。

甚至我也建议偶尔可以站着开会。这样一来站着讲话的人会因此简明扼要，听的人站着注意力会更集中，会议效果可能会更好。

精力上适当休息

休息中最重要的就是睡眠,尤其是晚上的睡眠。

要保证睡眠时间的一个建议是:戒掉睡前拖延症。

睡前拖延症的具体表现是,你没有特殊理由就不去上床睡觉。比如你晚上十点上床准备睡觉前还想刷刷朋友圈,结果一下子刷到了凌晨一点。

如果时间有限,如何能够快速入睡?我介绍一个两分钟内快速入睡的方法。

首先,放松你的脸,当你的面部肌肉变得无力时,大脑就向身体的其他部位发出信号——是时候入睡了。

然后,放松你的上半身。它最终应该是柔软的,就像它正在下沉一样。

接下来,放松你的腿。就像脱离身体一样。

最后,不思考任何事情。想象你躺在一个完全漆黑的房间里的一张舒适柔软的沙发上,在你的脑海里保持这个画面超过 10 秒钟。当你的身体完全放松,大脑在 10 秒钟内没有任何活跃的想法时,你就会睡着。

------- **职场心理学:生理与心理的互动关系** -------

人的生理和心理是相互影响的,既可以表现为正向的互

动（相互促进），也可以是负向的互动（相互拖累）。

体育锻炼有助于提升我们的生理机能，使身体更加强壮、柔韧，并带来心理上的愉悦。因此，体育锻炼对心理健康有着显著的促进作用，甚至可以缓解抑郁和焦虑等心理问题。然而，身体上的不适（生理问题）会影响到我们的情绪，情绪的改变进而会改变我们的认知和行为，从而可能导致心理问题。

反之，心理上的疾病，如焦虑症、抑郁症等，会严重干扰我们的行为模式，进而影响身体健康（生理）。心理问题可能会引发生理疾病，如果心理问题长期得不到解决，可能会引发高血压、癌症、胃溃疡等生理疾病。

此外，"相由心生"的说法在一定程度上也是正确的。这里的"心"指的是心理。心理的变化会引起面部、头部骨骼和组织的改变，从而影响一个人的相貌。我们可以观察到，一个善良、心态平和的人，相貌往往正直、慈祥；而一个自私、狡猾的人，相貌往往刻薄、狡黠。因此，让良好的生理状态促进心理健康，让健康的心理状态激发生理活力，这两者同等重要。

你发邮件应该抄送给谁？

两周前，我的邮箱里未读邮件的数量超过了 10 000 封。是的，你没看错。10 000 封！

这并不是因为我没时间读，而是我认为没必要读。那么，不阅读这些邮件会给工作带来问题吗？并不会！但是，为什么我会收到这么多我没必要读的邮件呢？这其实是当今职场的一个大问题。

曾经，我和不同的职场人士聊过这个问题。他们的回答大致可以分为以下几种情况，后面是我的分析和建议（假设这是一封关于项目的邮件）。

情况一：项目遇到问题，想让领导们知道并及时提供帮助。

分析和建议：如果你想在邮件中寻求领导的帮助，仅仅将领导放在 To 或 CC 中是不够的。正确的姿势是，在邮件中清楚地说明问题，并请求领导提供帮助。

情况二：想让参与项目的所有人都知道进展情况，包括领导们。

分析和建议：想让相关人知悉项目进展情况合情合理。但是什么样的项目和进展需要抄送谁是需要斟酌的。抄送领导就更是一门学问了。

情况三：别人发过来的邮件抄送了好多人，没看都有谁，就直接"回复所有人"了。

分析和建议：回复所有人除了会造成邮件泛滥之外，还可能让不需要看到或者不该看到你的回复的人看到了。我甚至遇到过邮件被回复所有人 N 次之后，有人发现居然有竞争对手（应对其屏蔽的人）在群发对象里。

情况四：添加接收人或者抄送人时，手一抖，添加了某个群组，发送前也没有再检查，发出后才发现，想召回已经为时太晚。

分析和建议：发送邮件前不检查收件人和抄送人是职场大忌。除了可能造成情况三中的后果外，还会给人留下你不够细心、缺乏基本常识的印象。

回过头来看我那 10 000 多封未读邮件，其中：

30% 左右我是首次被抄送的（在"CC"里）。对应上述的情况一、二、三。

60% 以上我是回复时被抄送的（在"CC"里）。对应上述的情况一、二。

3% 左右我是被误抄送的（在"CC"里）。对应上述的情况四。

只有不到5%是直接发给我的(在"To"里)……对应上述的情况一。

直接发送给我的这些邮件也不一定是要阅读的。因为，我可能不是唯一一个接收人，或者我的名字没有被直接提及（无论提及与否，名字都在"To"那里）。不知道向谁寻求帮助或者没有具体需求的 To 和 CC 都会被直接忽略。

造成上述四种情况的原因有哪些？可能会给收件人留下什么样的印象？我们来综合地剖析一下。

一、习惯性抄送给很多人，可能会给人留下缺乏责任感和担当的印象。抄送给别人主要是想让别人知悉这件事，完成某个任务，提供可能的支持和帮助，或者只是留个证据。但是无论如何不需要广而告之。你的心里活动是：反正抄送大家了，到时候出了问题就跟我没关系了。实际情况是：该谁做事谁做事，该谁负责谁负责，与其他人无关。

二、抄送本身是一种表态，相当于告诉接收人：我认为你和我没法独立做好这件事，还需要其他人帮助。无论从短期还是长远来看，抄送这种行为传递出的信息是，你并不那么信任收件人。(当然其实你并不是不信任对方。)保有适度的怀疑是一种重要的商业素质，但用抄送这种形式暴露你对对方的怀疑会搞砸整个沟通过程，好像是在提醒对方"你和我都做不了主"，或是"我不会让你自作主张"。这种印象尤其在动不动就抄送领导时为最为明显。试想如果你看到有人在给你发邮件的同时还抄送了你的领导,你的第一反应是什么?会因此丧失对他开诚布公的热情吗?

三、不管青红皂白地回复所有人体现了羊群效应(让人看到了你的从众心理),有可能影响你的职场发展。你敢抄送"所有人",我就敢来者不拒地回复"所有人"已经是一种职场"新常态",但实际上非常不可取。

我跟很多做领导的人聊到这个细节的时候,他们都表示发送邮件之前会仔细检查发给谁以及抄送给谁,确保只有相关的、需要知情的人员收到即可。而对于连看都不看就回复所有人的员工,他都表示不能接受,也无法重用这种员工。为了避免这些问题,我们需要掌握正确的邮件抄送方法:一个工具和三个基本点。

掌握一个工具,使用 RACI 模型确定抄送对象。

RACI 是一种责任矩阵工具,它是指 Responsible(负责执行任务的角色)、Accountable(对任务结果负责的角色)、Consulted(提供意见的人员)和 Informed(需要知情的人员)。在发送邮件时,要根据这四个角色确定抄送对象,有助于明确责任和分工,提高工作效率。

掌握三个基本点,彰显你的与众不同。

一、只在对方有必要知情时,才抄送对方。

二、真正有必要知情的人,其实没有你以为的那么多。

三、如果你在使用邮件沟通了一段时间后才引入抄送人，务必通知收件人并告知抄送人的身份。例如，你可以在邮件中写道："Add Lucent"（抄送加上了 Lucent），以便收件人知道新增的抄送人是谁。

职场心理学：责任分散效应

责任分散效应，也被称为旁观者效应，是描述在某种特定情境下，责任被分散到参与其中的每一个人身上，导致每个人实际承担的责任远远小于如果只有一个人在场时需要承担的责任。

以工作场景为例，有时你发送一封邮件，收件人栏里和抄送人栏里填满了人，但是最后却没有收到任何回应。其实，想要得到回应的正确做法是：在发送邮件前，先明确谁是这封邮件的最大利益相关者，也就是谁需要负责这个事情，然后将他们放在邮件的收件人栏。至于其他相关人员，比如执行者、被咨询者和被告知者，可以放在抄送人栏。这样做既能实现信息共享，又能明确责任。

还有一种情况，就是当工作中出现问题时，责任人向领导汇报的时候，最好不是自己一个人去，而是邀请尽可能多的相关人员一起去。这样做可以客观上实现责任的分散，避免自己单独承受领导的责问。

13 如何把你的专业能力变为专业权力？

关于专业的重要性，我非常喜欢两句话：因为有专业，所以被信任；因为够专业，所以被尊重。在快速变化的职场中，我们不仅要面对场内与同事的竞争，还要与场外的人工智能赛跑。在这种情况下，如何把你的专业能力变为专业权力变得尤为重要。让我们先看三个小故事。

无人能敌的"数据哥"

在通用电气（GE）采购部门工作的时候，我有一个负责为领导整理数据的同事，我们亲切地称他为"数据哥"。他负责整理两类最重要的数据：采购金额和成本节省。其中采购金额又分为两种：一种英文叫 China Spend，包括 GE 中国工厂向中国供应商和全球供应商的采购金额。另一种叫 China Buy，指除中国外的 GE 其他工厂从中国采购的金额。成本节省有十几种类型，如通过项目转移、项目本地化、集中采购、签署长期采购合同和价值工程等带来的成本节省。这些数据需要根据领导的要求，有时横着摆，有时竖着摆，有时甚至要斜着摆,即不按照已有的数据组合展示。

怎么样,看得你已经开始头大了吧?可"数据哥"对这些数据却能如数家珍,娓娓道来。正因为如此,每次向全球老大汇报绩效前,中国区老大都会让他仔细梳理数据。有时他还需要与全球项目负责人澄清或争取一些数据,如哪些成本节省可以计入当期,哪些不可以等。在向全球老大汇报绩效时,"数据哥"总是能在关键时刻"亮剑",力挽狂澜。正因为这些独特的能力,"数据哥"深得领导的赏识和信任,对领导的影响力远超他人。

采购领域的 IT 专家

在国际某大厂工作期间,我曾经负责过一段时间 IT 产品的采购。与普通 IT 产品不同,我们采购的是当时国内的高端 IT 产品,如 500 万像素分辨率的显示器、高配置的服务器和工作站、磁盘阵列等。

那时我正迷恋 IT 产品,亲手攒了 30 多台电脑兼容机,还曾在国内最大的网站技术论坛担任总版主以及 IT 软硬件分论坛的管理员。凭借兴趣和执着,我不断学习各种相关知识,对当时的 IT 硬件技术和发展趋势了如指掌。因此,我有机会与研发部门一起深度介入老产品的更新换代、新产品的选型以及软硬件技术发展路线的研究。这些对于成本的管理和优化起到了非常重要的作用。

于是,我成了采购中最懂 IT 的,IT 中最懂采购的专业人士。IT供应商在为我们的新项目推荐产品时会先征求我的意见，研发部有了新需求也会先找到我拿建议。久而久之，我对内和对外的影响力都在不断增强，话语权越来越大。

心理咨询师不仅仅是考了个证

前段时间，有个小伙伴听说我拿到了心理咨询师证书，就来找我寻求帮助。她说她已经出现了重度抑郁症的倾向。在仔细听取她的陈述后，我告诉她：如果只是一时情绪低落，需要补充正能量，我可以提供帮助。但如果是比较严重的心理问题，比如抑郁症，我暂时是无能为力的。因为我虽然系统学习了心理学知识，也考取了心理咨询师证书，但我不具备给别人提供心理咨询服务的能力。这是一种非常专业的能力，而我没有接受过专业的培训，更没有实践。我建议她赶紧找执业的心理医生或更有经验的心理咨询师，他们能帮助她。

后来，我与一位从事心理咨询服务多年、经验丰富的朋友聊起这件事，他说我做得对！因为心理问题不是通过说一些安慰、鼓励的话就能够解决的。那样做结果顶多是"水过地皮湿，治标不治本"。心理问题是很深层次的问题，需要通过一系列专业的手段进行系统化的治疗，如寻找自己的历史支柱（回忆过去发生了什么并且要写下来）、心理暗示、重建信心等手段。没有经过专业培训和累积足够的咨询时长是无法真正帮到有较严重心理问题的患者的。

这三个故事都有一个共同点：当事人把专业能力变成了专业权利。那么，他们是如何做到呢？

一、专业能力要有技术含量。

也就是要掌握一般人搞不懂的技术，甚至也包括你的领导。"数据哥"处理纷繁的数据、公式、归类等等工作，有时还要与别人斗智斗勇。这是一般人根本做不到的。这就是技术含量。我负责的 IT 采购品类本身就是高科技产品，关于怎么判断一条内存是单面内存还是双面内存这样对于一般 IT 人士最简单不过的问题，对于普通人来说都有点天方夜谭的味道。最关键的是，大多数人对 IT 不感兴趣，所以也很难了解。再比如，搞财务的除了能读懂三个基本报表之外，还要懂设备怎么折旧？资金怎么归类？税率怎么应用等等。而普通人对这些事情基本都无感。

二、要精通你的专业领域，具备不可替代性。

光是具备有技术含量的专业能力还不够。你得不断钻研它们，努力成为某种专业能力或者某个专业领域里的大神。比如"数据哥"不仅深谙数据之道，而且还能为组织"争取"数据。要知道，争取到的数据其实就是业绩。和医生一样，心理咨询师也是"越老越值钱"，因为积累了足够多的咨询案例，并且形成了自己独特的风格。面对各种疑难杂症，一上来就是组合拳，有很强的不可替代性。再比如，财务管理精通投资之道，不仅会节流，还会通过理财开源。另外，如何用合法合规的优惠政策帮助公司避税也是不在话下。你说这样的财务，领导能不喜欢吗?

三、扩大影响力，影响有影响力的人。

有一段话说得好：你说自己行，不行。你领导说你行，也不行。得说你行的领导行，才行。

这段话的道理就在于，你要能影响有影响力的人，你才能有权力。**当你的专业能力富有技术含量，且你的角色和能力具备不可替代性时，去影响有影响力的人，比如你的直线上司，公司的管理层等等，你就会获得权力。**你也就成功地把你的专业能力变成了你的专业权力。

职场心理学：专精定律

专精定律，被称作是千古有志者的成功定律。它告诉我们：**只有全身心投入到一件事物、一个领域，我们才能够实现发展、创造和创新。**

观察各个行业和领域的佼佼者，你会发现他们大多数都是在同一领域辛勤耕耘多年，设定了远大的目标，并凭借精益求精的工匠精神不断学习和提升的人。所以，无论你做任何的行业和事情，都要把做到最顶尖（不断追求更好）作为目标，只有当你能够专精的时候，你所做的事物和领域才会有成绩和突破。

什么是矩阵组织?
如何在矩阵组织中生存?

你在工作中汇报给几个领导?

假如你的答案是两个或者两个以上且两位领导职能不同,甚至工作地点也不一致时,那么基本表明:你在矩阵式组织/管理中了。

假如我继续挖掘下去,并且假设你有两个领导。你的两个领导一个是实线汇报(solid-line reporting)关系,一个是虚线汇报(dotted-line reporting)关系吗?"实线汇报"是指你在他的团队里。你的组织关系、职能定位、工作分配、绩效考核等等都由他全权负责。"虚线汇报"是指和你有合作关系的汇报对象,比如某个你参与的项目经理,或者总部垂直业务部门的领导。他们偶尔也会参与你的绩效评估环节。你的"实线汇报"领导和"虚线汇报"领导相处得融洽吗?关于"是否融洽",我得到的答案是一边倒的:"当然不""这还用问?!""怎么可能""你说呢?""凑合吧"……

什么是矩阵式管理？

矩阵式管理是通过横向和纵向相结合的一种管理模式。这样做的初衷是平衡企业运营中的权利，使各个部门的工作重点回到公司的整体效率上来，打破部门之间的壁垒，消除部门的本位主义，更加有效地实施企业的战略目标。举个我自己的例子。

在 GE 工作时，我担任影像类产品全球采购负责人。我的汇报关系是：直线汇报（纵向）给子系统全球采购领导，他在法国；虚线汇报（横向）给中国区采购领导，她在中国。

直线汇报，体现了我服务的是全球采购组织，这包括但不限于领导全球采购团队，制定全球采购战略，主导全球及跨区域项目等等。虚线汇报，则表明我也要为中国的采购业务做出贡献。比如领导中国采购团队，参与中国区的采购战略制定，开发、培养本地供应商成为全球供应商等等。彼时，这种矩阵式汇报关系的玄妙之处在于我必须兼顾效率和公平。要追求效率，我就要不断推动产品采购从高成本国家向低成本国家转移。而当时，中国是最具竞争力的低成本国家。中国区的领导当然非常希望我能开发和培养更多的中国供应商成为世界级的供应商；

要追求公平，我就不能只关注中国，还要看其他低成本国家。我的直线领导每次谈到开发中国供应商，神情都会变得不安一些。几乎每次重大会议，都会跟我强调供应商多样性的重要性。这里的多样性，你们懂的。

对于绩效评估，是两位领导一同决定。至于他们之间的权重是 7∶3 还是 6∶4 我就不知道了。一个实际情况是，虽然我汇报给全球采购领导，但是我的工资是中国公司支付，当然这还涉及年终奖，年度调薪，培训机会等等。

而我们这些"全球的人"与本地的其他部门的关系可能更加微妙，任何"不端"的行为都有可能被他们贴上"他是'全球的人'"的标签。"端"还是"不端"其实是就事论事，见仁见智的。

幸运的是，我的两个领导相处得非常融洽。不仅观点、结论一致，而且在不同的场合还常常互相提携。我也因此从中受益良多。

来谈谈我认为的矩阵式管理的优劣势

首先，矩阵式管理有三个优势。

一、能让企业充分利用资源。

在矩阵式管理中，人力资源得到了更有效的利用。还是以我为例，我当时的角色既是全球采购负责人，也是中国区战略采购负责人。缺料的时候，追完全球追中国，追完中国追全球。研究表明：一般用这种管理模式的企业能比传统企业少用 20% 的员工。

二、能汇集资源和力量，让企业迅速解决问题。

还是我的经历，因为既管全球业务，又管中国业务，当任何一方出了问题，我都能较容易地在较短的时间内调配资源（比如短缺的物料，人手等等），来集中精力解决问题。

三、能让员工有更多的发展机会。

本地的员工可以借助矩阵式管理到全球组织中发展，也可以到其他地区的组织中去历练，GE 的术语叫 "bubble assignment"，本质是一个干部培养项目。我本人非常受益于这个项目，两次被派到国外历练。

矩阵式管理有三个劣势。

一、"婆婆" 太多让下属左右为难。

当你有一个以上领导，怎样周旋于他们之间是个很现实的课题。

二、决策链长可能导致效率不高。

如果你每次决策都需要矩阵中所有领导同意，决策效率低下。

三、兼顾公平和效率是个挑战。

矩阵组织管理好了是不疏不漏或者疏而不漏，管理不好则二者皆失。

如何在矩阵式组织中生存？

一、分清主次，关键时刻二选一。

对待一个以上领导必须有主有次。这里我想再次强调：职场中最重要的人是你的直接/直线领导。

二、避免选择困难症，鱼和熊掌我都要。

必须兼顾效率和公平，既不能为了追求效率而有失偏颇，也不能为了追求公平而失去根基。

三、因为有价值，所以被需要。

打铁还需自身硬，让自己变得有价值，成为一个被实线汇报领导和虚线汇报领导都需要的人。

------ **职场心理学：选择困难症** ------

选择困难症，是指当人在面临两个或者两个以上的选择时，迟迟无法做出决定，或者无法正常做出令自己满意的选择。

在矩阵组织中工作的职场人最容易陷入选择困难症。他们可能不知道应该听实线汇报领导的还是虚线汇报领导的，应该选择公平还是选择效率。

为了摆脱选择困难症，我提供以下三个建议。首先，善用"80/20规则"。了解核心问题，解决主要矛盾。选择困难的心态通常是认为每个选择都很重要，但我们可以通过善用"80/20规则"来聚焦问题，减少可选项。

其次，成为快速行动派。思考太多会导致犹豫不决，错失良机。少一些评估，快一些行动，才能消除做决策时的痛苦。必要的时候，可以请朋友帮忙做出决策。

最后，预测最坏的结果。选择困难的实质是害怕选择错误导致失败。通过预测最坏的结果，我们可以更好地面对选择。

心理学家武志红在他的畅销书《你就是答案》中指出，生命的意义在于选择。只有不断为自己的人生做选择，才能算是真正活过。愿每个人都有选择的愿力和能力，选得对、选得准、选得好！

如何与职场中的小人相处？

职场如同江湖，我们一定不要做小人，因为得不偿失，但我们难免会遇到小人。这些人擅长表里不一，喜欢搬弄是非，甚至陷害他人。

职场小人的 6 个特征

一、不择手段，没有底线。

W 刚加入公司，做采购工作。因为本身专业、努力，很快做出了成绩。同组的 M 是老员工，没有专业技能，对工作也不上心，但是妒忌心极强，之前已经有几个新员工都被他挤对走了。

看着 W 越做越好，M 多次找到领导说："W 这个人不可靠。最近引进的供应商都是他的关系户，暗地里可能有利益输送。"

说的次数多了，领导对 W 的信任打了折扣，对他的支持也不那么积极了，甚至坊间开始有一些风言风语。这让

W极不舒服,最后黯然离职。

二、妒忌心强、搬弄是非。

你身边有没有被称为"万金油""包打听""消息树"这样的人?如果他们妒忌心还强,你就要小心了!因为一旦看到别人比自己强,他们轻则讽刺挖苦,重则散布各种不实消息,还有可能到处搬弄是非,唯恐天下不乱。

三、善于抹黑,先告黑状。

他们往往会编造一些莫须有的罪名,先告黑状,让人们对被抹黑者产生误解,借此来诋毁别人的名声,提高自己的地位。

四、逃避责任,喜欢甩锅。

他们遇到问题第一时间想到的是如何甩锅,而不是承担责任去解决问题。他们往往会找各种借口来为自己的失误辩解,甚至不惜推卸责任给他人。

五、欺下媚上,阳奉阴违。

比较典型的表现是软的欺负硬的怕。对上级百般附和,阿谀奉承,360度拍马屁,无所不用其极,只是为了达到自己的目的。但是对下级没有责任感,排除异己,专门欺负老实人。

六、自私自利、落井下石。

你见过那种特别自私,踩着别人的肩膀往上爬的领导和同事吗?

他们信奉的原则是"人不为己,天诛地灭"。当事情成功的时候,功劳都是自己的;当事情失败的时候,过错都是别人的。

小人"搞事"的 4 个套路

一、**利用信息不对称。**

小人惯用的手段就是混淆是非，颠倒黑白。能做到这一点大多数时候是利用信息不对称，比如利用当事一方不在场，或者没有适当的渠道沟通，或者只说出对自己有利的一部分信息。

二、**善于抓住人性的弱点。**

小人善于抓住你身上的弱点，然后极力放大，饱和打击，让别人觉得你做人不行，做事不力。以便达到博取别人信任，丑化你的形象的目的。

三、**主动出击，先声夺人。**

小人一般都是恶人先告状。为了"黑人不倦"，试图抢先占领话语主动权和道德制高点。

四、**先捧后杀，兵不血刃。**

要特别留意那些夸起人来头头是道，口吐莲花的人，因为这可能是个捧杀的坑。抬得越高，摔得越狠！

有一次，W 的项目荣获了公司的年度表彰。一个同事当着领导的面说：W 你太厉害了吧！咱们部门今年的成绩全靠你这个项目了。话音刚落，领导的脸就黑了。"怎么？要功高盖主吗？"

还有一次领导分配一个项目给 W，按常规是需要 30 个人天的。领导提了一句：项目是好项目，只是现在的人手和预算都有限……

一个同事听了马上说：这简单，W能力超群，估计15个人天就够了！

如果W没有识别出这个捧杀就接受了，那后果不堪设想——做好了是应该的，做砸了就等得挨骂吧。而且领导也会觉得你傻的很天真！

对付职场小人的5个方法

一、主动沟通，避免信息不对称。

学会主动沟通，尤其是和直接上级沟通，才不会给小人留下制造信息不对称的机会。

二、主动设防，不给小人留念想。

职场里的人和事错综复杂。需要时刻保持警惕祸从口出，以防不测。尤其需要避免的是过于相信别人，或者不屑于与人计较的心态。因为这样都可能给小人制造信息不对称的机会。

当你不得不和小人合作的时候，要分清彼此的角色和职责，量化考核的目标，一切白纸黑字记录在案。要尽全力避免给小人混淆是非，颠倒黑白的机会。

三、坚持原则，学会说"不"。

人不仅会尊重专业的人，也会尊重坚持原则的人。因为坚持原则的人会勇敢地说"不",而不是做"老好人"。面对小人的 PUA(包括捧杀),你的退让与讨好不仅不会换来他的尊重,反而还会让他更加肆无忌惮,得寸进尺。

四、做人做事,建立口碑。

只要行得正,不怕影子歪。做事之前先做人,妥善处理好各个层面的人际关系。

然后不断增强自己的实力,努力做出成绩。最后事实胜于雄辩,让谣言不攻自破。

要知道,就像一个企业的口碑一样,一个人的口碑建立起来以后就是个人的一道护城河,不是一两个小人就能撼动的。

五、让自己变得更强大。

从心理学的角度看,人都是慕强的,也就是天生就害怕比自己强大的人。这个"强大"可能是体型上,体力上,智力上,能力上……强大意味着自己会处于下风,如果在远古时代,处于下风意味着可能失去生命。

你的能力越强,小人就越不敢动你。

所以我们说:把自己变得更强大是解决一切问题的关键。

职场心理学:创伤后成长

在《杀不死我的必使我强大:创伤后成长心理学》一书中,作者史蒂芬·约瑟夫说,那些受过的伤,也能让我们勇往直前。

创伤后成长是指一部分人在遭遇了巨大挑战之后,所经历的积极的心理变化:它主要包括自我知觉的改变、人际体验的改变和生命价值观的改变等三个方面的内容。

这让我想起了一位前同事L女士给我讲的故事:因为工作太出色,她遭遇了职场小人。那个人的羡慕嫉妒恨,不仅停留在想法上,而且付诸了行动。去她的直线上司那栽赃她,去大领导那陷害她,工作中百般刁难,还想方设法地让她在大家面前出丑。

"你恨她吗?"我问。

"不不不,我要感谢她。"她冒出了这一句。

"为什么?"我很惊讶。

"因为这种小人,无论是职场上,还是生活中,你早晚都会遇到。早遇到了就早经历了,只要挺过来,再总结出一套心法,以后就都不怕了!"

你看,L女士遭遇了职场小人,也经历了心灵上的创伤。但是她把它当成一种磨砺。

尼采说过:

那些杀不死你的,终将使你变得更强大。

不怕"神"一样的对手，就怕遇到"猪队友"

最近有几个朋友向我吐苦水，说在做项目或者任务的时候，大好的局面因为"猪队友"，活生生地从先进变成了落后。还有几个案子干脆给搞砸了！问我怎么能识别"猪队友"？遇到了"猪队友"怎么办？

"猪队友"通常是指那些不努力、不负责、不守规则、不敬业的团队成员。人们常说："不怕'神'一样的对手，就怕'猪'一样的队友。"

为什么呢？因为碰到"神"一样的对手，即使输了，也心服口服。如果你还"亮剑"了，那虽败犹荣。可是如果碰到"猪队友"，可能打败你的都不是你的对手，而恰恰是你的队友！

这样的例子从古至今，不胜枚举。

在第二次世界大战期间，同属于轴心国的纳粹德国和意大利签署了《钢铁条约》，形成了军事联盟。1940年，在入侵法国的战争中，意大利最初以"未做好战争准备"为由，拒绝参与战斗。然而，当德国攻占巴黎时，意大利又想分一杯羹，匆忙向法国发起进攻。结果，意大利被法国打得落花流水。最终，德国迫使法国投降，才获得了胜利。

随后，意大利不顾德国的警告，又贸然发动了希意战争。结果是，希腊以仅有的3万兵力，打败了拥有飞机、坦克等8万兵力的意大利。眼看无法收拾残局，意大利只能再次求助德国。原本德国已经准备好对苏联开战，却不得不先处理希腊问题。这导致了德国对苏联的作战计划被迫推迟。

又比如，有一个采购总监特别喜欢喝酒，但是酒量不大，更要命的是还控制不住自己。不喝则已，逢喝必醉！

有一次，采购副总带着他宴请一个战略供应商的管理层。这是一个很重要的饭局，因为要敲定下一年的采购价格，所以双方都是管理层出席。去之前，采购副总千叮咛万嘱咐地要他一定要控制好自己，控制住酒量，还特意让助理给他买了有助于醒酒的药。结果饭桌上几杯酒下肚，他被打回原形。一边频频举杯，一边口无遮拦。最后还吐了对方领导一身……场面惨不忍睹。

工作中，我们怎么识别"猪队友"呢？我总结了一下，他们一般有5大特征。

一、自以为是，技能不足。

一方面他们自私，凡事都是以自己的利益为根本出发点，不顾及别人的感受甚至死活。另一方面，他们外强中干，缺乏专业技能，导致往往需要其他团队成员进行替补或补救。招惹了别人或者捅了篓子之后可能直接跑路，由队友扛包。

二、缺乏合作，心不在焉。

他们通常不愿意与其他团队成员合作，缺乏团队精神。做什么事都是一副"东风吹，战鼓擂，我要做事爱谁谁"的架势。

他们不愿意遵守团队规则、合作协议或参加团队会议。做事不认真，对什么都不在乎。不是忙中出错，而是注定要出错。所以常常做一件事还没有遇上对手的时候，就已经被自己的"猪队友"打败了。

三、遇事甩包，见利忘义。

有了利益第一个冲上去，有了问题第一个甩锅是"猪队友"的一个典型的特征。当然，如果没有人质问的时候，他也绝不会出头分析解决问题。

四、事不关己，高高挂起。

缺乏主动性和努力。只要不是自己的事，"猪队友"大多都是"事不关己高高挂起"的态度。

出了问题，他们不会主动找寻解决问题的方法，最多只会和你讨论问题本身，而不是寻根探源，系统地，从根本上解决问题。一来他们缺乏责任感，觉得无所谓；二来他们也担心深究找到自己头上。解决问题是小，明哲保身是大。

五、缺乏责任感，做事不靠谱。

缺乏对工作和团队的承诺感和责任感，说好的事情不一定会做，承诺的任务无法如期完成。常常会拖延任务或玩忽职守，导致项目进度滞后或任务完成质量不佳。他们可能经常缺席或迟到，不胜任团队基本的工作。

千叮咛万嘱咐注意这注意那，关键时刻还是会掉链子。想想那位吐了客人一身的采购总监。

遇到"猪队友"怎么办？

从能力和愿力的角度看，有三种可能。

有愿力，没有能力。结果可能是不落地。所以重点是看看怎么把能力培养起来。有可能的时候，尽量避免与他合作。

有能力，没有愿力。结果可能是效率低。所以要花大力气影响他，把他的愿力提高上来。同时，做好预备队。需要的时候赶紧替上。

既没有能力，也没有愿力。还是尽早放弃吧。因为你的付出没有结果，而且大概率会拖累整个团队。

具体来说，有四条建议。

一、鼓励团队沟通。加强团队内部沟通，了解每个成员的问题和担忧，制定共同的解决措施。

二、定期监督和评估。定期对团队进行监督和评估，制定适当的调整措施，避免让"猪队友"占据太多资源和影响团队的正常运作。

三、培训和发展。为团队成员提供包括技能、知识和团队建设的培训和发展机会，帮助他们提高个人素质、增强团队合作意识。

四、绩效考核和奖惩机制。建立公平合理的绩效考核和奖惩机制，通过奖惩机制激励团队成员的积极性，对表现出色的成员给予鼓励和奖励，而对表现不佳的"猪队友"进行惩罚和指导。

职场心理学：马蝇效应

马蝇效应，是指再懒惰的马，只要有马蝇叮咬，它也会精神抖擞，跑得飞快。

马蝇效应是源于美国前总统林肯的故事：当年，林肯和兄弟在农场种植玉米时，发现自家的马非常懒惰，总是慢慢腾腾，走走停停。但有一段路，马却跑得飞快。林肯感到奇怪，后来发现，原来有一只很大的马蝇叮在马身上。正因为有马蝇的叮咬，马才不敢怠慢，跑得飞快，极力想甩掉它。这就是马蝇效应的来源。

马蝇效应给我们的启示是：一个人被"叮着咬着"，就不敢松懈，并且会努力拼搏。对于"猪队友"，我们也可以运用这一原理，用心挖掘他们的核心诉求，寻找正向性的激发条件，并在一个合适的机制下，让大多数人都能奋勇向前。这样，即使是看似懒散的"马"，也能在"马蝇"的激励下，发挥出惊人的潜力。

职场黑锅，背不背，怎么背？
有哪些注意事项？

职场中，背锅和开会一样，无处不在。

L是领导的得力干将。常常协助做一些重要项目。有一次上级分配下来一个任务，领导说他们一起做。可是领导太忙了，L催了几次都没有效果后，就不再催了。

后来，大领导来视察工作，听取汇报。听说这个项目还在收集信息阶段，当时就发飙了："什么？几周过去了，你们还没有开始落地？这是上级下来的紧急任务，你这个领导是怎么当的？有没有紧迫感？"

领导一时哑口无言，过了一会说："L，你负责这个项目，说说情况。"

L没料到，一口锅就这样从天而降，怔了一下赶忙说："领导，对不起。这个项目是被我耽误了。马上开始落地。"

后来这个项目总算做完了。领导对L进行了表彰，还发了项目贡献奖。

不过职场上背锅，并不总是这么幸运的。

Q干财务10多年了。一年前进了一家私企。

领导时不时给她一些业务往来发票，要求她做到公司账里。很快，她发现一些不存在的虚假交易，还有一些假发票。于是她告诉了领导，领导轻描淡写地说：没事！现在生意难做，我这样做也是为了公司好。你要是不想做，我就让别人做，不过到时你可别后悔。

听了领导的话，想想自己人到中年，上有老下有小。Q咬咬牙继续做了。直到有一天，公司被举报偷税漏税，还涉及洗钱，税务局来公司查账。领导指着Q说：这是她的个人行为，与公司无关。

Q被公司开除了。而且，由于不诚信的名声，始终没能再找到工作。

为什么有人要甩锅？

如果我说"人人都是甩锅侠"，你会有些惊讶吗？因为趋利避害是人的本能，而甩锅的本质是撇清关系，推卸和逃避责任，正是为了趋利避害。

所以你常常会发现这样的情况：一件事情做好了，当事人会把它归因为自己英明神武能力强。如果一件事情搞砸了，当事人则往往会把它归因于客观原因，什么队友不给力啊，时机不成熟啊，预算不够用啊，时间太紧张啊等等。总之一句话,这不是我的错。

心理学上把这种现象叫"基本归因错误"。出了问题都是你的错。既然人人都可能背锅,那到底要不要背呢?要看具体情况。

一、要看锅的性质。

锅的性质大致可以分为三类:涉及原则性的、关乎大局的、临时解围的。

涉及原则性问题的锅——坚决不背。原则性问题指的是和国家法律法规、公司的规章制度以及你自己的价值观等等相悖的问题。背这样的锅,轻则名誉扫地,重则送进监狱。

关乎大局的锅——能背就背。如果只是聚焦于自己,就很容易失去全局观。"只见树木不见森林"会让别人觉得你的格局很小,在职场中很难走得远。

临时解围的日常小锅——视情况而定。领导做报告的时候说了错误的数据被人质疑,这时候如果你站出来说"抱歉领导,数据是我一时疏忽搞错了"就是临时替领导背锅,给领导解围。当然,这样的锅也不能老背,否则,你在领导的眼里可能变成"软柿子",在同事眼里变成了"马屁精"。

二、看你与甩锅人的工作关系。

上级的锅,能背尽量背。如果是三观正的领导甩锅,能背就背吧。领导会看在眼里、记在心上,有情有义的人日后也不会亏待你。

平级的锅，能不背尽量不背。平级甩锅基本就是明哲保身，逃避责任。即使你替他背了，他也觉得是应该的。同时，会让领导和同事觉得你没有自己的判断力/立场，软弱可欺。比如，职场中常常有平级的老同事，仗着自己混得久了，把一些新人呼来唤去，随意甩锅。这时候，你大可以直接拒绝。

下级的锅，视情况而定。为什么有的情况要替下级背锅呢？因为当下级犯了错误，直属上级大多也难辞其咎。适当为下级背锅不仅显得你大度，体现你的担当，更是一种领导力。当下级看到领导肯为自己承担责任，心里会充满感激和敬仰，团队其他成员看到自己的领导是一位肯为维护下级的利益发声和出头的人，必然更加支持你、信任你和拥护你。

三、搞清楚为什么要你背？

一般来说，甩锅的人都比较"青睐"下面几类对象：

职场新人。他们不谙世事，常常被临时拿来给人垫背。

与领导不和的人。目的是警告你，甚至故意栽赃你。

职场老好人。可能人到中年，最怕丢了工作。尤其遇到领导甩锅，大多默默承受了。

领导想提拔的人。有的领导通过甩锅试探人，看看下属是不是能扛事，能不能为他"两肋插刀"。

背锅注意事项

一、保持警觉和判断力。

通常背锅都是这样开场的：造成这个结果不是我的问题，是XXX在负责；我不清楚，你问问XXX吧；我的工作职责中不包括这一块。这时候你要特别注意锅的性质和来龙去脉，即锅产生的背景，当事人甩锅的目的，以及背锅的后果。

二、界定角色和职责。

很多时候，别人甩给你的锅都处于灰色地带。这种情形在发展尚处于不成熟阶段的企业非常普遍。同时，不要迷信哪些只是体量大的企业，因为体量大不等于成熟。相反，这样的"大企业"大多因为是人治而不是法治，更容易人浮于事，角色和职责一般都界定不清。

三、学会说不。

该背的锅要背，不该背的锅一定不要背。很多人因为经验不足，明知道可能有不良后果，还是没有把"不"说出口，这是职场大忌。

四、非必要时不要当众揭穿。

如果一定要背锅，就没有必要当众揭穿了。否则费力不讨好。

五、留存沟通记录。

原则上，凡是涉及业务工作，沟通之后是一定要有书面记录的，这将极大地保护你自己无谓地背锅。这里说的"书面记录"既可以是文字版的，也可以是语音版的。只要是法律认可的都可以。

职场心理学：自我宽恕定律

大多数人都不认为自己是坏人，即使自己再邪恶的行为，他们也不会觉得自己有什么错误，而是拼命地为自己找借口，或者下意识地把责任推给别人，也就是我们常说的甩锅，即自我宽恕定律。

通常有两类人更容易宽恕自己。一类是自尊心太强的人，他们不容许自己犯错。对自己要求比较高，不会轻易承认自己的错误，因为这样会有损他的形象。还有一类是自卑的人，他们也不容易承认自己的错误，越是自卑，就越害怕自己犯错，不敢承认自己犯错，因为这样会被别人看不起，自己也会更自卑。

怎么破解它？其实，只需要孔子的一句话：己所不欲，勿施于人。

"空降兵"被架空了,怎么办?

不久前,一位朋友向我倾诉了他的职场困境。他是一位从世界 500 强企业空降到民企的总经理,然而在半年多的时间里,他发现越来越难以开展工作。他面临的问题有两个。

问题一、他的上司喜欢直接和他的下属沟通,有时还会单独召集会议,却将他排除在外。然而在上司与他单独开会时,却又表示会支持他。有些事情上司也会找他,且并未有过不利于他的行为。

问题二、他的下属是一些总监和高级经理,他们仿佛形成了一层"隔热层",甚至可以说是"绝缘层"。具体表现为,如果他不主动询问,这些人不会主动汇报工作。更糟糕的是,有时上司已经知道某项工作出了问题,过来询问他的时候,他还一无所知。这样的情况让他在上司面前显得非常被动。

这导致上司更愿意直接找他的下属了解情况,而下属也更愿意跳过他直接向上司汇报。于是形成了一个恶性循环。

我认真听了朋友的诉说，然后问："你觉得问题出在哪里？"他回答说："可能上司不信任，但又不明说。"他无法理解上司的意图，也不知道该如何应对。

我认为他的分析有一定道理，上司可能确实不太信任他，但又因为一些原因没有立刻让他离职，比如公司内没有合适的继任人选，或者市场上还没有找到合适的候选人。因此，他需要立刻采取措施，否则可能会面临更大的危险。

针对问题一，**领导喜欢越级沟通，需要直接找领导开诚布公地谈一谈。**

他需要表达自己解决问题的能力和积极态度，同时了解上司的需求和期望，寻求加入公司后上司对他的表现的反馈。如果上司能明确指出他的问题，那就证明他还有改进的机会。这样他就可以争取到机会与上司达成攻守联盟：上司有事情尽量第一时间找他，他也要通过提高掌控力来解决面临的问题二。

针对问题二，**下属成为"绝缘层"是绝不允许和不能接受的。**

解决这个问题可以考虑以下三个做法。

一、业务邮件全部抄送你。

在需要的情况下，尤其是对于有管理职权的"空降兵"来说，可以要求所有下属在开始的 1 到 3 个月，所有的邮件都抄送你。这样做的目的和效果是：

便于"空降兵"快速进入角色，了解新公司、新业务、新环境的方方面面；

让团队成员熟悉和适应你的管理风格。比如让他们知道，你关注细节，凡是要用数据说话等等；

通过邮件，你不仅可以了解项目和业务的情况，而且可以观察团队之间是怎么沟通互动的，以及每个人不同的表现。比如，谁善于沟通，谁爱抄领导，谁从来不抄领导，谁习惯抄送一大堆人，谁的文字功底好，谁满嘴跑火车，谁的情商高，谁的火气大……总之，工作邮件其实就是一个小社会，形形色色，包罗万象。用点心，你可以看出很多端倪，学习不少门道。

二、启用上报制度。

上报制度，英文叫 escalation。简单地说，就是一旦发生预设的任何一个事件，就自动触发上报机制：**当事人 / 负责人 / 责任人必须第一时间向领导汇报发生的情况，纠正和补救的措施，以及预防措施。**

以采购管理为例，常见的需要上报的事件有：

员工的健康和安全问题。比如，员工发生重大事故，无论是否涉及工伤；

员工的职业操守和遵纪守法问题。这包括但不限于吃拿卡要、骚扰、不公平待遇、泄露公司机密。还包括员工触犯法律法规，比如酒驾或者醉驾等等；

供应商的诚信合规问题。比如，交易中的不端行为，这包括但不限于围标串标，贿赂等等影响供应商选择公平性的情况。合规问题，包括但不限于违反各种法律法规，比如环保、健康、安全、劳动用工、违法经营等情况；

无论何种原因，可能会影响业务连续性的问题。比如，供应商紧急供货问题会影响公司营收的；

发生重大质量问题，比如发现假料，或者危害终端客户健康等等，可能影响公司营收和声誉的；

重要项目无法交付或者严重滞后而影响业绩的；

团队内部或者团队之间有不可调和的矛盾且影响员工关系以及公司绩效的；

其他你觉得需要升级的，比如重大的需要领导跨部门、跨地区沟通协调的问题。

三、每周周报和回顾。

要求直线汇报团队发给你每周工作报告。比如，当"空降"到一家新公司，我通常要求直属汇报团队在前半年每周五下班前发给我周工作报告。报告的模板要先设计好，以便保证你获取全部需要的信息，而且保证了信息的一致性。报告的内容一般包括：围绕着关键绩效指标，本周工作重点和成果，与跨职能部门的项目合作，持续改善的机会发现（比如流程、机制、模板、数据管理等等各方面），下周的工作重点，遇到的挑战和需要的支持和帮助等等。

有了每周工作报告，你就既可以掌握已经和将要发生的重大和重要事件，也了解遇到的痛点和难题，以及团队之间协作的情况和持续改善的机会。作为一个跟进的动作，你可以召集你的团队在每周一上午快速过一下他们每个人写的工作周报。这样做的好处是：

团队可以适当展开一些关键点，便于你更好地了解细节。同时，也可以检验团队的报告质量，并且适当做出点评。

通过团队一起回顾，有助于团队不同成员之间的工作协同。

需要的时候，可以要求项目的具体负责人参与到汇报中来，这样便于你了解更多细节，同时也让你与一线团队有更多的相互了解和互动。

职场心理学：自我效能感

自我效能感，是指个人对自己是否具有通过努力成功完成某种活动的能力所持有的主观判断与信念。这种信念影响着我们为了实现目标愿意付出多少努力，以及在遭遇逆境时能坚持多久。当一个人拥有高度的自我效能感，他们在面对挑战时会更加坚定，付出的努力也更为有力，因此更容易克服困难。

文章中的朋友，要想解决被架空这件事，首先要增强自我效能感，这有助于他应对逆境。

职场中,比工作能力更重要的是什么能力?

在职场中,工作能力强是一个广受推崇的品质。然而,有一个能力,比工作能力更为重要,那就是情绪稳定。我曾在领英上发起过一个投票,探讨这两者之间哪个更重要。结果,情绪稳定获得了大多数人的认同。

——投票全文开始——

职场中可以随心所欲,由着自己的性子"自动驾驶"吗?情绪稳定和工作能力强,哪个是职场生存的第一要素?

(1)情绪稳定

情绪稳定不仅是成年人的标配,更是职场人的标配。因为职场不是你的家,领导也不是你的父母,所以每个人都要管理好自己的情绪。

(2)工作能力强

只要工作能力强,让自己的技能不可替代,让自己的价值变得稀缺,情绪是否稳定不那么重要,差不多就行了。你没看现在00后都在整顿职场吗?

(1)和(2),你选哪个?

——投票全文结束——

最后,我收到了1 220张投票,其中67%的人选择了"情绪稳定更重要",33%的人选择了"工作能力强更重要"。这揭示了一个事实:对于很多人来说,工作能力再强,没有稳定的情绪都是不行的。就像其中一位网友留言说的:"职场中,工作能力犹如智商,情绪管理犹如情商,情商比较重要。"

我很同意这句话。对我来说,情绪管理就像人体健康一样,是那个关键的"1"。没有了这个关键的"1",有再多的"0",比如"业务能力","协调能力","演讲能力"等等都是徒劳的。因为情绪管理不好,你甚至都没有机会去展现和运用这些能力。

看看下面职场中的这些场景,它们每天都在不同的时间和地点重复上演。

领导当着大家的面,严厉地批评了你。说你工作上缺乏责任感,也没抓住重点,项目都被你搞砸了!你心里满是委屈,没忍住和他吵了起来……结果第二天就被HR约谈要求你主动离职。

客户对你们的产品方案不仅不满意,还拿别人预算更高的方案和你们的对比,字里行间都是各种嫌弃和百般挑剔。

这让你们整个销售团队义愤填膺，感觉遭受了非常不公正的待遇！于是，你的一个同事当场和客户争执起来。然后你们自然而然也就没有了下文——丢掉了一个6 000多万的大订单。那位宣泄情绪的同事也被迫离了职。

一个采购负责人因为原料供不上而被上级批评。他怒火中烧，拿起电话就把那端的供应商臭骂一顿……本来那家供应商正加班加点协调生产，有希望提前交货的。来了这么一出，他们干脆"躺平了"——能供上的货也不供了。这导致采购所在的公司因为断货停产而遭受了巨大的损失！

作为职场人，为什么首先要保证情绪稳定？因为**情绪失控解决不了问题，只能激化矛盾，结果问题还是问题，而你可能已经不是原来的你。**

李开复在《给中国学生的第二封信》里说：美国一家很有名的研究机构，测试了每个公司高管的智商和情商，把测试结果和工作表现联系在一起分析。结果发现，情商对成功的影响力是智商的9倍。再推荐大家读一本书：《情商：为什么情商比智商更重要》（丹尼尔·戈尔曼）。

我们在谈情绪，为什么我一直在说情商？因为情商就是控制情绪的能力。包括控制自己的情绪，以及别人的情绪。

衡量情商的高低有五个标准

了解自身情绪。不了解就不能对症下药。

能**管理**自身情绪。解决情绪问题，不被情绪驾驭。

能**激励**自己。驾驭情绪，把情绪为自己所用。

识别他人的情绪。先识别，才能相应地采取行动。

处理人际关系。会说话，会做人，会来事儿。

工作的时候，突然产生了不良的情绪怎么办？我建议采取四个步骤：识别、控制、转移、聚焦。

识别：能够主动意识到自己产生了不良情绪。而不是感觉没什么大不了的，无所谓。过于轻敌就无法防微杜渐，最后常常导致情绪失控；

控制：首先不断告诉自己先冷静一下，三五秒也好。遵循"三不"原则——不说、不做、不回应。然后尽可能离开情绪发生的现场一段时间，直到情绪平复了再回来；

转移：一方面要多看事情的另一面，从大局出发权衡利弊；另一方面要努力让自己站在对方的角度看问题和思考问题，挖掘对方行为背后具体的动机和目的，这样就更能理解对方；

聚焦：经历了从识别到控制到转移的三步，你的情绪慢慢稳定了。聚焦要解决的问题本身，并通过管理双方的情绪最终解决问题。

情绪稳定，并不意味着没有情绪。相反，情绪稳定是一种成熟的心态，是一种理性的态度。

有位名人说过：

"我们曾如此渴望命运的波澜,到最后才发现:人生最曼妙的风景,竟是内心的淡定与从容。"

能保持内心淡定与从容的人,是情绪稳定的人。职场中,情绪稳定比工作能力强更重要。因为只有情绪稳定,我们才能更好地面对挑战,才能更好地发挥我们的能力。

职场心理学:费斯汀格法则

你是否曾想过,生活中有多少事是我们能控制的?费斯汀格法则给出了答案:生活中只有 10% 的事是我们无法掌控的,而剩下的 90% 则取决于我们如何应对这些事。换言之,虽然我们无法左右他人的行为,但我们却可以决定自己如何应对这些行为。

例如,当遇到不公待遇时,我们可以选择保持冷静,也可以选择情绪失控。忍一时风平浪静,只要这个"忍"是值得的。

经济不景气时,企业和员工怎么活下来?

2022年下半年,华为创始人任正非曾经在一次内部会议中指出,全球经济将面临衰退、消费能力下降的情况,华为将把"活下来"作为最主要纲领,边缘业务全线收缩和关闭,把寒气传递给每个人。

对于华为来说,这已经不是第一次经历"活下来"的关键时刻。早在2000年互联网泡沫破裂时,任正非就撰写了著名的《华为的冬天》,提出公司所有员工都应思考,如果公司销售额下滑、利润下滑,甚至破产,将如何应对。那时,他就以泰坦尼克号沉船为例,警示员工要有危机意识。次年,华为剥离了电源部门,成功出售给美国的艾默生公司,从而确保了"活下来"的资金。

任正非是一个很有危机意识的人,他曾说:

"我天天思考的都是失败,对成功视而不见,也没有什么荣誉感、自豪感,而是危机感。失败这一天一定会到来,大家要准备迎接,这是我从不动摇的看法,这是历史规律。"

危机意识使得华为在任正非的领导下，不断穿越经济周期，逐步发展壮大。同样，地产业的龙头企业万科也在2018年将"活下来"定为秋季例会的主题，体现出对企业生存发展的深刻洞察与高度重视。

新东方也在2021年遭遇了前所未有的挑战。双减政策加上疫情的冲击，使得新东方的核心业务遭受重创。面对如此困境，新东方选择回归"老本行"，并积极探索业务多元化，从而在确保生存的同时，寻求发展之道。

在资本寒冬中，许多生物科技企业在2022年经历了艰难时刻。为了"活下来"，它们选择了开源节流，业务转型，砍管线，停建或缓建工程项目，严控设备类资本投入，甚至裁员。这反映出在生存压力面前，企业必须做出艰难的选择。

那么，为什么有的企业选择降薪，有的企业则选择裁员？一般来说，选择降薪的企业在中长期内不需要调整发展战略，但短期面临生存压力，因此通过降薪节约资金。而选择裁员的企业，则往往在短期内遭遇了生存和发展的巨大挑战，比如港股18A里的企业，它们需要依靠不断融资来维持运营，一旦融资受阻，现金不足，裁员便成了无奈之举。

面对裁员，三类人更容易受到影响

一、应届毕业生，也包括已经签约的但是后来被毁约的刚毕业的大学生。原因是新手无法马上开始工作、创造价值。一个有从业经验的人到一家新公司需要 2～3 个月才能独立工作，一个大学毕业生则需要 6 个月甚至更长时间。

二、非核心员工。有两种情况，一个是岗位一直是非核心的，比如一些后台支持部门的运营岗位。还有一个是因为战略调整被砍掉的项目的相关团队成员。

三、高管。我一直都认为，高管就是高危职业，尤其是民企的高管。从自身的角度看，不深入一线，不躬身入局的高管很危险。从环境的角度看，高管的薪资都不低，企业经营困难的时候，非销售、市场、研发、HR 的高管随时都有可能被裁掉。

三类人不怕被裁员

一、手里有技术和资源的专业人士。技不压身，他们本身是金刚钻，有更强的不可替代性，离开平台也不怕，放到哪里都发光。

二、有成功的副业的职场人士。拿工资的是主业，职场以外还能赚钱的工作就是副业。如果你的副业做得足够好，收入赶上甚至超过了主业，你就不怕被裁。

我有几个朋友，他们在经济形势不好，公司计划裁员的时候，主动申请被裁，拿了一笔不菲的赔偿金然后"all in"副业。既有钱，又有闲，不香吗？

三、家里"有矿"的人。这个就不多说了，你懂的。

最后，职场人如何在经济低迷的环境中"活下去"呢？

首先，要洞察宏观和微观的发展趋势，关注世界范围和国内的经济发展变化、行业政策和各种经济指标的走势。同时，也要关注公司的发展形势，以便在黑天鹅事件发生之前采取行动。

其次，要关注自己的身心健康。世界卫生组织发布的科学简报显示，在新冠疫情大流行的第一年，全球焦虑和抑郁患病率大幅增加了25%。因此，定期体检、坚持锻炼、保持乐观，形成健康的体魄和健康心理的良性循环至关重要。

此外，职场人应重新评估自己，更新职业规划，打磨技能成为专家，并努力成为 π 型人才，即具备两种核心技能的复合型人才。这样，无论在职场中还是在职场之外，都能确保自己的生存与发展。π 型人才也叫"复合型人才"，它完全具备"复合性，发展性，创新性，竞争性"四个核心特征，是 21 世纪人才的标准。相比于我们熟知的"T 型人才"，π 型人才用两条腿走路，也就是具备两种核心技能，可以是专业技能，也可以是专业技能 + 通用技能的组合。

π 型人才最典型的案例，是马斯克和乔布斯，他们都是多栖领域的专家。马斯克的领域是科技 + 商业：大学修的是物理学和商科，对工程学也颇有研究。乔布斯的领域是科技 + 艺术：乔布斯对艺术风格和科技创新的思想及其敏感，他把艺术融入了苹果产品的血液。

最后，心理韧性也是职场人在逆境中不可或缺的品质。在《心理韧性的力量》一书中，作者道格·亨施指出，具有心理韧性的人能从自己的错误中学习，并在挫折中寻找动力，从而在遭遇逆境后不仅能恢复原状，还能在脱离逆境的过程中变得强大。

职场心理学：心理韧性

韧性，是物理学概念，指物体受到外力挤压时恢复原状。应用到心理学上，是指能够从挫折中恢复原状，从失败中学习经验，从挑战中获得动力以及相信自己可以克服生活中任何压力和困难的能力，即我们这里谈的"心理韧性"。在《心理韧性的力量》一书中，作者道格·亨施说道：心理韧性意义丰富深刻，可以让你茁壮成长，而受挫后恢复原状仅仅是定义的核心，具有心理韧性的人十分擅长从自己的错误中学习并且在大大小小的挫折中寻找动力。因此，他们在遭遇逆境后不仅能恢复原状，还能在脱离逆境的过程中变得强大。

所以，当企业遭遇困境时，无论是企业家还是员工，都需要心理韧性作为支撑。前者可能让企业起死回生，后者可以让自己满血复活。

你们公司怎么卷的?
CEO 是 "首席解释官"

曾经,华为内部论坛的一篇关于"内卷"的文章引起了热议,作者将内卷定义为"无实质意义的消耗",并列举了诸多例子,如:为做而做、将简单问题复杂化、被动应付工作、低水平模仿复制,以及在同一个问题上无休止地挖掘研究等。

但我认为,职场中最大的内卷现象莫过于:领导不直接告诉下属该做什么,让他们去猜。从某种程度上说,这已经上升到了精神上的 PUA,因为它常常让人感到无所适从、无从下手,进而无计可施,甚至陷入自我怀疑的境地,最终可能导致逆来顺受。

我有一个前同事,跳槽到国内一家知名医疗器械公司做 HR。然而,没过多久,她就因为领导(一个 HRD)的内卷而患上了轻度抑郁症。这并非她自说自话,而是她就医后得到的诊断结果。

这个 HRD 是怎么卷的呢？就是她永远都不直接说自己想要什么，永远都让你猜她的想法。比如，你提交了一份工作计划，她看完了就扔出一句话"你再想想"，或者"你觉得你的计划做得好吗？"

"再想想"，想什么呢？是内容、形式、措辞还是什么？

"你觉得你的计划做得好吗？"这简直就是灵魂拷问啊。该怎么回答呢？说"做得好"显得一点都不谦虚，不合适。说"做得不好"又不甘心，而且也不知道哪里不好。如果领导下一句问"哪里不好？"，也一样是立马卡壳。

就这样一来二去，把她搞得每天怀疑自己，怀疑人生……然后就抑郁了。

另一个例子。一位 500 强高管空降到一家民企担任业务老大。然而，没过两个月，他就愤然离职了。原因是他无法与一把手有效沟通。例如，他做了一份业务规划，花了 40 分钟向一把手详细汇报，希望能得到反馈和建议。然而，一把手只是淡淡地说："我觉得你思考得还不够深入，建议你重新思考一下，我们再聊。"

多次沟通后，他得到的反馈都大同小异："我希望你对负责的业务有更深入的洞察；我觉得你的工作还有可以优化的空间；我希望你思考的高度能够再高一点。"当空降高管询问具体该如何改进时，一把手总是说："这种东西一句话两句话说不清楚，你还是自己思考吧。"

这样的沟通让这位空降高管感到极度困惑和崩溃。

再比如这个故事。D作为网络工程专家加入了一家外企。工作上几个回合下来，他几乎失去了对工作的所有热情。每次他从专业的角度提出方案，领导都会反驳，却又说不出个所以然。当D询问他的领导意见时，领导总是说："你是专家，这种问题别问我，应该我问你才对！"

还有一次，D走一个审批流程，到了领导那被直接打了回来。领导的批复是："走流程了吗？"D解释说："是按照流程走的审批，您具体指的是哪个流程？"领导回复："该走哪个流程走哪个啊！"

后来，D得知这个领导其实什么都不懂所以才会那样回复他，不久后，D离开了这家外企。

那么，为什么上级会这样呢？我总结了以下几个原因：

一、上级自己不懂，但是又不能让下属知道自己不懂。于是只能让下属原地画圈圈，导致事情没有结果。

二、上级自己没想清楚。但是又想拿结果，所以就不断让下属去猜着做。如果猜对了做出来了，就皆大欢喜，反正功劳也是自己的。如果没猜出来，或者猜不对做不对，那就是下属的理解能力和动手能力有问题，下属背锅。

三、上级自己知道，但是他不想简单地授之以鱼，而是想授之以渔——锻炼下属独立思考的能力。只是沟通表达的方式方法不对，引起了下级的误解，反倒增加了事情的复杂度。

曾被誉为"全球第一CEO"的GE前CEO杰克·韦尔奇在他的封山之作《商业的本质》一书中强调：

"CEO的另一层含义是首席解释官Chief Explanation Officer"。

领导者不仅要让团队找到正确的目标，更要持之以恒、充满激情地向下属解释这个目标，告诉他们我们正处于什么境地，为什么会这样，我们将奔向什么目标，你在此过程中的位置是什么，你应该做些什么。

"首席解释官"这个词让我想起了曾经在GE工作的日子，上级会反复说明他对公司业务的理解和工作要求，并鼓励我们一起探讨。这让我们团队对于要求和目标有了空前的一致，上下同心，其利断金，这保障了我们团队打了一个又一个的胜仗。那时候，我们并没有感到内卷。

在《商业的本质》这本书中，杰克·韦尔奇对商业的本质做了深入浅出的解读。他强调领导者要体谅下属，关心他们，调动他们的积极性；要将自己视为首席解释官，用言语和行动解释公司的使命和所需的行动；要为下属的前进道路上扫除障碍；要愉快地展示慷慨基因；要确保下属快乐工作。

职场心理学：习得性无助

在职场中，我们可能遭遇各种挫折和失败。如果我们总是把这些失败归咎于自己，例如认为自己命运不济、智力不够或能力不足等，那么就容易陷入习得性无助的心理困境。

习得性无助，是一种心理状态，它让我们在工作中和生活中经常被负面情绪所控制，导致我们感到抑郁和无助，自我评价降低，行为动机减弱。如果我们长期处于这种状态，面对问题时就会选择逃避，放弃努力，甚至自暴自弃。

这种心理困境并不是天生的，而是我们在特定的环境和遭遇后逐渐养成的。因此，我们可以通过改变自己的认知和行为来克服习得性无助。

首先，我们需要改变自己的认知，关注外部归因。意识到失败并不完全是我们的责任，而是受到外部环境和他人行为的影响。这样，我们就可以从小目标开始，比如从拒绝第一个 PUA 开始，逐渐重拾自信。

其次，我们要将正能量的情感和观念付诸行动。这意味着我们要积极地面对问题，勇敢地尝试解决方案，不断挑战自己，从而逐渐摆脱习得性无助的困扰。

22 公司开始走下坡路有哪些标志？

"全世界经济在未来三到五年内都不可能转好。"

华为内部论坛2022年8月22日下午上线的一篇文章中，任正非如是说。他强调，2023年甚至到2025年，必须把有质量地"活下来"作为主要纲领。每个业务都要认真执行。

毫无疑问，全球都在经历着一个痛苦的时期，俄乌冲突导致的粮食和能源危机、大国竞争导致的贸易壁垒、疫情的反复重创实体经济、气候变化引发各种自然灾害、缺乏持续的创新让全要素效率下降，以及经济发展不可避免的周期规律将一些发达国家的通货膨胀率越推越高等等因素导致全世界的宏观经济一边持续疲软，一边不断下行。

在这个过程中，很多公司都开始走下坡路！作为职场人，能及时觉察公司要走下坡路了能让你未雨绸缪。时时洞察趋势，事事先人一步。等到公司真不行的时候，才想另谋出路就会很被动，恐怕也太晚了！

一家公司开始走下坡路有九个标志

一、裁员。

裁员是节约企业开支最有效的手段之一，而且很多是立竿见影。之所以急切地节约开支是因为企业的现金流出了问题，比如盈利能力下降了。所以，当一家公司开始裁员了，基本上就是开始走下坡路了。

二、降薪。

降薪是节约企业开支的另一种手段，相对于直接裁员要温和些，但是含义是一样的：公司业务走下坡路了，大家需要勒紧裤腰带共渡难关。

三、砍项目。

不仅砍一般的项目，还砍研发项目和基建项目，这是断臂求生的手段。不到万不得已，企业一般不会这么做。因为对于大多数企业来说，研发是核心业务，基建项目是业务增长的标志。

四、克扣福利。

员工福利是一个比较大的概念，包括薪资和福利。如果一家公司开始拖欠工资，挤压福利，比如不足额缴纳或者不再缴纳社保，通过提高绩效考核标准不发/少发奖金等等，说明这家公司开始走下坡路了。

五、离职率高。

新员工熬不过试用期，有能力的老员工纷纷离职，尤其是高管离职率高。有能力的员工一般是"春江水暖鸭先知"，与其在一家走下坡路的公司里耗着，还不如换个环境创造更多价值。有一次我听说一家生物制药头部企业六个月内走了八位高管，包括六位职能部门的负责人（副总裁级），和两个C位高管（首席法律官和首席商务官）。没过多久，就传出消息说公司要开始裁员了。

六、"摸鱼"的多了。

大多数员工开始有时间"摸鱼"，这是没事干的表现。之所以没事干，是因为公司的业务没那么多了，开始走下坡路了。

七、股票价格下跌或业绩下滑。

股票价格下跌可能是股东对公司未来表现的不信任，造成投资者的担忧。当公司营收、利润等业绩连续多个季度下滑时，这也表明公司存在问题。监控公司的财务报表是尽早发现此类标志的重要方法。

八、债务增加。

当公司债务增加时，会增加公司的财务风险。债务增加可能意味着公司在尝试重新挖掘业务，但公司现金流可能难以支撑这种决策。

以上这些之所以说是明显的标志，是因为即使你是一个外人，也可以从行业新闻和研报、同行分享、上市公司报告等等渠道获悉这些信息。另外，还有一个比较隐蔽的标志。说它隐蔽是因为如果你不是身在其中，你大概率不会知道发生的一切。这个隐蔽的标志就是：

九、公司一把手不再专心致志的对外扩展业务，而是聚焦公司内部各种运营事务，且事无巨细，使劲儿折腾，可劲儿内卷。具体表现包括：

抓审批流程。一方面将审批节点切成更小的块，让审批流变得冗长却不合理。另一方面，将各种大大小小的审批权限逐步收归"中央"，有些直接变成了"一把手工程"；

践踏专业性。让不专业的人做专业的事，还管着专业的人。结果可想而知：不专业的人因为不懂将事情化简为繁，专业的人却无事可做。一旦出了问题还秀才遇上兵，有理说不清——对方听不懂，作为上级也懒得听你唠叨。于是一批有能力的人愤然离职；

抓考勤，抓纪律。有些领导变身人型监控器，随时在办公区晃来晃去。实在找不到安排的任务和谈话的内容，就直接站在员工背后摆弄手机——反正就站着不想走；还有些公司设置更多的监管部门和相互监督机制，比如频繁的批评和自我批评；

各种复盘、述职、项目汇报轮番上演。搞得公司上下筋疲力尽，怨声载道。结果不仅没有解决问题，还牵出了更多的问题，并且成功逼走了一批出活儿的员工和高管。

如果你经历三种以上的上述情况，说明你所在的公司开始走下坡路了，建议早做打算。

职场心理学：破窗效应

"破窗效应"是指，一个建筑物的窗户破了，如果不及时修补，那么其他的窗户也会很快被打破。这就像我们常说的"破罐子破摔"，一旦出现破损，人们就会放弃维护，任其发展。

我曾经给一家公司做咨询，该公司在创业初期发展迅速，但随后出现了业绩下滑的现象。公司管理层没有及时采取措施，反而表现出消极的态度，例如领导开始"躺平"，不再积极解决问题，员工也开始"摆烂"，不再努力工作。这种情况就是破窗效应的典型表现。

一旦公司内部出现了破窗效应，就如同打开了一个恶性循环的阀门。如果管理层不立即采取行动，修补"破窗"，那么这种消极的态度会迅速蔓延，导致整个公司的氛围日益恶化，最终可能面临倒闭的危险。

因此，对于管理层来说，一旦发现公司内部出现破窗效应的迹象，就应该立即采取措施，修补"破窗"，防止其蔓延。这包括重新激发员工的积极性，建立积极向上的企业文化，以及及时解决公司内部的问题，防止问题的扩大。

第二篇
职业发展的核心能力
领导力

对大多数职场新人而言，顺利通过试用期，步入职业快速发展期无疑令人振奋。在这一阶段，你不再仅限于完成基本工作任务，而是开始担负更多责任。如今，职场早已不是仅凭个人能"打"就能脱颖而出的时代，团队合作变得尤为重要。因此，**在职业发展过程中，领导力成为核心能力。**

领导力是一种设定目标、鼓舞人心、发掘团队成员潜力并引导他们共同追求目标的能力。

设想你是一家公司的基层管理者，正带领团队完成一个重要项目。项目启动前，你组织了团队成员会议，详细阐述了项目背景、意义和目标。你认真倾听了他们的意见和建议，针对他们提出的问题给予了解答。随后，根据每个人的技能、专长和兴趣，你分配了任务，并与他们逐一讨论了项目细节、阶段性目标、面临的挑战以及所需的支持和帮助。

在项目执行过程中，你一方面及时向上级报告项目进度，并在需要时征询他们的建议，邀请他们为你提供支持，利用他们的资源解决工作中的问题；另一方面，你不断与项目团队和支持团队沟通，第一时间提供必要的支持和反馈。面对挑战，你总是身先士卒，带领团队分析问题并寻求解决方案。你通过及时的表扬和鼓励，激发了每个团队成员的工作热情和创造力。最终，团队成功完成了项目，并获得了业内认可和客户好评。在这个过程中,你展现出了卓越的领导力。

一般来说,职场中的领导力有四个层面。第一层是最基本的层面,是领导自己,也叫自我管理。第二层是领导下级,也就是带领团队。第三层是领导平级,也叫横向领导力。第四层,也是最高阶的层面,是领导上级,也叫向上管理。

领导下级和领导自己大家都可以理解,但为什么你也可以领导上级和平级呢?

原因在于,领导力的本质是影响力。**一个人是否有真正的领导力,不在于他的职位、权力或者地位,而在于他是否能够有效地影响和激励他人,并最终达到目标。**

另外,我一直认为,领导力的基石是自我管理能力。彼得·德鲁克在他的许多著作中都讨论了自我管理的主题,包括《管理的实践》《卓有成效的管理者》和《21世纪的管理挑战》等。德鲁克曾说:

"有伟大成就的人,向来善于自我管理。在管理别人之前,先做好自我管理。"

领导力不仅关乎职业发展,更是人生成功的关键。通过不断提升领导力,我们将更好地应对职场挑战,实现个人和团队的共同成长。

什么样的领导力可以穿越周期？

"我们每一个人，都应该像树一样地成长，即使我们现在什么都不是，但是只要你有树的种子，即使你被踩到泥土中间，你依然能够吸收泥土的养分，自己成长起来"。

这段话来自俞敏洪寄语大学生的励志演讲。俞敏洪认为，对于职场人、公司管理者，以及成功的企业家而言，成长的过程就如同树木一样，关键在于后天的积累和努力，而不仅仅是出身。

而我想说，每个人都要不仅像树一样成长，也要具备"树"型领导力，即 Trust（信任）、Respect（尊重）、Engage（投入）、Empower（赋能）。这四个单词的首字母组成英文单词 TREE，中文释义为"树"。"树"型领导力不仅可以帮助我们穿越周期，而且能持续激发组织和个人的活力。

信任（Trust）

首先，信任是"树"型领导力的基础。就像树信任土壤，深深扎根；树根信任枝叶，源源不断地输送养分。管理者应该信任员工，给予他们足够的自主权，这样才能让员工充分发挥潜能，为组织创造价值。同时，管理者也应该让员工信任自己，建立起良好的互动关系。

多年前，海尔CEO张瑞敏曾提出"用人要疑，疑人也要用"。"用人要疑"，主要是指约束和监督机制，用了的人不等于不需要监督，疑问在先，就能把可能产生的风险降到最低。疑人要用，就是在其人格、能力不确定的情况下，观察、选拔和使用他，不至于造成埋没人才和浪费人才。敢用疑人，会用疑人，才能保证企业的人才用之不竭。

如果有一个营造企业信任环境的榜单，海底捞一定不会缺席。海底捞的领导张勇尝试用信任激发组织的创造力和主动服务精神。他成功地将海底捞改造成了一个拥有上万名管理者的公司——基层员工也都拥有或大或小的管理权。为了实现这个目标，海底捞做了三件事情：第一，构建一个信任的平台。比如，海底捞将授权扩大到了基层员工，每个员工都拥有送菜免单的权限——一般都是企业拥有者才能享有的权利。通过这种权利的分享，海底捞用小小的实际行动告诉员工，组织相信每个服务员都拥有服务好客户的意愿和能力，希望借此在全司平台上传递信任的理念；第二，提升使用信任的能力。信任是一个双刃剑般的词语，只有具备一定的能力，才能够肩负起信任的重托。海底捞的每一个主管都需要从基层做起，通过接触客户的实践，培养员工更好地使用信任的能力，只有越自信，才能越信任；第三，谨慎维护"信任"的氛围。在中国的管理特色中，信任的环境是脆弱的。海底捞非常谨慎地维护这样的环境，通过对证据的高度重视，营造一个让人放心的文化氛围，并在日常工作中点点滴滴地浇筑信任。

尊重（Respect）

其次，尊重是"树"型领导力的重要组成部分。树尊重自然规律，始终向着阳光，向上生长。管理者应该尊重每个员工，关注他们的成长，倾听他们的声音，调动他们的积极性。只有尊重员工，才能使员工在工作中感到快乐，进而提高工作效率。

李嘉诚最让人敬佩的，不是他在香港的成功，而是他在世界上的成功。他是如何做到的？"建立在尊重之上"。在很多年前，李嘉诚就已经不管具体业务，他的时间和精力，基本花在"定坐标"上。尊重所有人，是李嘉诚公司的核心文化，也是这么多年其能够驰骋全球的秘诀所在。最经典的故事就是李嘉诚会亲自将快递员送到电梯。他会认真地倾听每一个人的问题，生怕没有回答清楚，约好了用普通话采访，他就一直用普通话。

投入（Engage）

再者，投入是"树"型领导力的关键。树将自己投入到自然生态中，春去秋来，不仅自己茁壮成长，同时也为周围的环境带来养分。管理者应该全身心投入到工作中，为团队树立榜样。当管理者投入到工作中时，员工也会受到影响，积极投入到自己的工作中，为组织的发展贡献力量。

在《京瓷哲学：人生与经营的原点》一书中，稻盛和夫说：任何工作，只要全身心投入并取得成功，就会获得巨大的成就感并产生自信，进而萌生向下一个目标挑战的欲望。在这样反复的过程中，你就会更加热爱工作。

只有把心态提升到这样的境界，才能在工作中取得辉煌的成功。只有管理者有这样的境界和作出表率，才有动力和能力去激励自己的团队去投入。

赋能（Empower）

最后，赋能是"树"型领导力的核心。树通过连接赋能一切，一草一木，周边万物，甚至是山川河流。管理者应该赋予员工足够的权力，让他们在合适的场景下可以为客户买单，提升客户满意度。

"树"（TREE）型领导者心中都有一颗种子，即使被踩在泥土中，依然可以吸收养分，自己成长；他们都有一个根，即使默默无闻，也永远不会放弃向上成长的决心；他们都有一个生态系统，即使环境复杂多变，也会持续协调，积极改善。愿每一个人，每一个管理者不仅都能像树一样的成长,也能具备"树"型领导力:信任、尊重、投入、赋能。

职场心理学:情绪智商

情绪智商也就是情商,是指我们感知和理解自己的以及他人的情绪,并与他人互动的能力。这种能力对于领导者来说至关重要,因为它能帮助他们更深入地了解员工的需求和情感,从而更有效地应对各种挑战和冲突。

举个例子,假设一个团队内部出现了问题,一个具有高情绪智商的领导者会怎样应对呢?他可能会这样做:首先,他会倾听每个团队成员的观点,并努力理解他们的感受。这样做可以确保每个人的声音都被听到,每个人的情感都被尊重。其次,他会深入分析问题的根本原因,并在团队中提供有效的解决方案。这种做法不仅解决了眼前的问题,还预防了未来可能出现的类似问题。最后,他会确保所有的团队成员都得到尊重和理解。这样做可以增强团队的凝聚力,提高工作效率。

情绪智商是构建"树"(TREE)型领导力的基础。这种领导力模型强调领导者需要具备洞察力、关系建立、经验和道德四种能力。情绪智商正是这四种能力的基础,它帮助领导者更好地理解自己和他人,从而更好地履行领导职责。

管理的本质是什么?

在《管理的实践》一书中,彼得·德鲁克写道:

管理的本质是建立信任,最大的管理成本是信任成本。

缺乏信任会导致沟通不畅,从而影响问题的解决。当员工对管理者不信任时,他们可能会表现出不合作、缺乏动力、拖延等行为,这不仅降低企业效率,还增加成本。要如何建立起信任呢?

麦肯锡有一个著名的信任公式:

信任 =(可靠性 × 资质能力 × 亲近程度)/ 自我取向

可靠性,简单地讲,就是你做事情的靠谱程度,和事情的大小以及复杂程度无关。如果你能将一件简单的事情持续不断地做好,就是一种可靠性或是靠谱的表现。就像海尔创始人张瑞敏说的:把简单的事情做好就是不简单,把平凡的事情做好就是不平凡。

资质能力,分为资质和能力两个部分,可以相互转化,所以互为充要条件。

资质主要体现在你获取的各种资质/资格证书上，比如各种学位证书、大学英语六级证书、财务领域的 CPA 证书、供应链领域的 CPSM 证书、财富管理领域的高级理财师证书等等。前提是这些资质资格证书的含金量和发证机构被大众广泛地接受和认可。当你持有这些资质资格证书并在相关领域深耕之后，你的相关能力会大大提升。

能力最根本体现在解决问题上。这一点可以从你的履历上得到反映。比如某人拥有 20 多年采购和供应链管理经验，其中 14 年担任世界 500 强高管。那么可以想象的是，他的各种能力，诸如沟通能力、协调能力、领导能力等等通用能力和商务谈判、制定采购战略、采购成本分析等等专业能力都会是不错的。当你不断积累这些能力时，你的潜在资质会逐步获得认可。当然要考取官方认可的资质成功率也会更高。

亲近程度，是你和你要取得信任的对象的亲近程度。这个程度越高，在有机会时，你的名字出现在他们脑海中的概率越大。反之如果你对某人总是敬而远之，或者不理不睬，你的能力可靠性再强也无济于事。

自我取向，是指是否以自我为中心。由于这个因素在分母，决定了它与信任程度呈反比。换句话说，要想增加信任度，应该尽量降低自己的"身段"，别太把自己当回事。我很喜欢"滴水之于大海"这句话，说的就是这个道理。

建立相互信任的关系一直是我笃信的管理的基础。那么如何建立互信的基础和机制呢？

一、确保价值观的一致性。管理者应展现出诚实、公正和责任感，以赢得员工的信任。

二、管理者需要以身作则，展示出一致的价值观和行为标准，这对建立信任至关重要。

三、选择先信任别人。同时自己的行为要确保做事始终如一、前后不矛盾（一致性）等。

四、既能够承事，也能够成事。"承事"是指敢于承担责任，考验的是主观能动性和敢做精神；"成事"是指把事情做成、做好，甚至做到极致，考验的是能力。我们每个人都喜欢跟着既敢于承担，又能让事情成功的管理者，从而给他们更多的信任。

五、言必行，行必果。管理者应该遵守承诺，如果不能做到，应及时沟通并寻求谅解。

六、懂得放权。管理者不应过度干预，而应给予员工决策的空间和犯错误的机会，以促进他们的成长。

马云说过："怕员工犯错是领导最大的错。"想培养员工，除了授人以渔外，要给员工做事的机会，还要给员工犯错误的机会。当然这个错误不能是原则性的和系统性的错误。

七、关注员工成长，培养优秀人才。管理者应制定具体的目标和计划，提供培训机会，以帮助员工实现职业目标。

八、沟通、沟通、沟通。有效的和有效率的沟通非常有助于建立互信。所以，管理者必须与员工保持诚实和透明的沟通，使员工能够理解企业目标并参与到实现这些目标的过程中。如果员工感到他们没有足够的信息或他们被隐瞒了某些事情，他们可能会怀疑管理者的动机和意图，从而失去信任。

沟通也是管理者给人的印象。试想，如果管理者在沟通时不能言简意赅，聚焦主题，明明要谈 A 时，最后一路谈到了 Z，难免会有员工质疑这位管理者的能力，再建立起信任也可能不太顺畅。

我身边优秀的管理者在沟通方面做得都很好，除了常规的各种例会，他们各显神通：

有的设立"咖啡时间"，可以与管理者轻松交谈；

有的不定期召开圆桌会议，与想要聊天的员工畅所欲言；

有的约员工一起散步（像乔布斯一样），一边享受运动带来的多巴胺，一边讨论各种话题；

有的坚持与员工一起就餐，收获的不仅仅是体验；

有的办公室的门永远敞开，随时沟通解决问题。

职场心理学：共情

共情，通俗地说，就是能设身处地地为对方着想。在

《共情的力量》一书中,作者亚瑟·乔拉米卡利把共情定义为理解他人特有的经历,并相应地做出回应的能力。这里有两个关键词,一个是"理解",一个是"回应"。

"理解",并不仅仅是理解对方表面的感受,而是能够基于足够的客观事实和分析以及感同身受的情况下,对对方的处境所做出的更全面、更深刻、更不带主观偏见和评判的认识。

"回应"是一个动作。要想让共情落地,光有想法是不够的,还要有共情的行动,即把自己的想法和感受转化为实际结果。

想象一下,当一个新员工和你分享他在岗位上遇到的挑战,自己很苦恼的时候。作为管理者,如果你不仅做到当时认真倾听,提出有建设性的建议,事后还亲自了解了情况,然后做出相应的调整,最后和这位员工沟通。那么这就是一个高质量的共情,而信任也会在这个过程中被建立起来。

管理的基础是什么?

意大利插画家马可·梅格拉蒂曾根据现实题材创作过一幅画——"你永远不知道跟你玩的是谁!"画中的猫把蛇尾当成鼠尾,毫不畏惧地用爪子抓着蛇的尾巴。而墙后面的蛇已经弓起身子,吐出长长的信子,随时准备发起攻击。

这幅画的意义是:你永远不知道跟你玩的人是谁,所以,尽量做到尊重每一个人,也不要轻易看不起和低估任何人。你看到的可能是一点点,而别人其实早已看清你,只是考虑要不要伤害你。

所以,在与人交往时,由于可能无法预测他们的背景、经历和能力,我们应该选择尊重每个人,以避免不必要的麻烦和不可预知的风险。生活中如此,工作中更是如此。

如果一个领导不尊重员工,那么员工就不会信任他,并且员工可能会因此失去对组织的忠诚度和归属感。相反,如果一个领导尊重员工,那么员工就会更愿意为组织付出更多,因为他们感受到了被认可和珍视的价值。

尊重还有助于营造积极的工作氛围和文化。当领导以尊重为出发点时，就能够建立开放、互惠互利的工作环境，让员工感受到自己被理解、被支持和被听取。这种环境可以激发员工的创造力和积极性，让他们更加愿意与组织共同成长。

职场中的尊重是个比较复杂的概念，体现在广泛的、纵横交错的场景里。这包括在称呼上、穿着上、态度上、眼神上、肢体语言上、见面时（有时只是擦肩而过）、餐桌上、会议中等等。你的举手投足，说话时的眼神和抑扬顿挫都可能传递"尊重"的信号。职场中的尊重具体要怎么做呢？

职场中尊重他人的8个建议

一、不轻视任何一个人。

比如，你们组里新来了一位实习生。在初次见面时，你可能会认为他没有什么价值，只是一个刚毕业的学生。如果你因此而对他不尊重或低估他的能力，就可能错过他所提供的宝贵信息或创意，这可能会影响你的业务或项目。

二、不要对员工颐指气使。

管理者在管理员工、安排工作时不要太随意，更不要对员工呼来唤去。太随意的指使，会使员工感觉受委屈，有不满的情绪并对管理者有抵触心理，从而降低工作效率甚至想要离职。

三、己所不欲，勿施于人。

自己不想做的，做不到的，更不能强加给员工。想让员工做到的，自己必须以身作则先做到，而且要做好，做出高度。这是体现尊重的一个重要方面，但现实中往往被管理者所忽略。

四、多用礼貌用语，以德服人。

布置工作任务时，要选用礼貌用语（比如"请"，"是否考虑"）来代替发号施令，真诚恳切的口吻能让员工觉得你十分地尊重他，进而形成一种潜在的激励。对于员工出色的工作，一句"谢谢"会让员工得到最大的满足。

五、正确处理员工的建议。

当倾听员工的建议时，专心致志，不要随意打断或者插话。要让他们感受到足够的尊重和重视。拒绝员工建议时，一定要将理由说清楚，不要模棱两可，也不要含糊其辞。如果员工因为你的模糊反馈而全力奔向错误的方向，由此浪费的时间成本和员工的激情是对员工最大的不尊重。

六、尊重员工的个人时间。

一种情况是，不要期待员工把交代的工作做完了还要加班，仅仅是因为管理者还没走。如果你觉得员工的工作量不够而无所事事，那是管理者的安排的问题。

另一种情况是，除非有非常紧急的事情需要马上处理，否则能不打扰员工的时候尽量不要打扰。具体做法是：能不打电话的就不要打电话，实在要打电话的也要尽量简短。对于时效性不强的需求，可以发微信，同时不能期待即时回复。

七、尊重员工职业的选择。

不要把员工主动离职当作是背叛。因为员工只是我们工作上的合作伙伴，有独立选择职业的权力。可以以平常心看待，该挽留的尽力挽留，该放手的及时放手。

我见过的大多数卓越的领导者在骨干员工选择主动离职时，没有怨恨，更不会视之为背叛。相反，他们会祝贺员工找到更好的机会（如果实际情况是这样），甚至举办个欢送会，协助他们做好工作背景调查等等。因为卓越的领导者必定是有同理心且宽容的领导者，他们从心里尊重员工职业的选择，真心地为员工的职业发展而高兴。

八、对待员工要一视同仁。

一视同仁，会让员工心服口服，也是让员工感到被尊重的最有效的方法之一。于丹曾说：

"人有平行的两只眼睛，所以应当平等看人；人的两只耳朵是分开在两边的，所以不可偏听一面之词；人虽然只有一颗心，然而有左右两个心房，所以做事不但要为自己想，也要为别人想。"

职场心理学：马斯洛需求层次理论之受尊重的需求

马斯洛需求层次理论，由美国心理学家亚伯拉罕·马斯洛在 1943 年提出，属于人本主义心理学的经典理论。这一理论将人类的需求分为五个层次，其中，第四层是受尊重的需求。我们都希望自己在社会中有一定的地位，希望自己的能力与成就能够得到他人的尊重。

受尊重的需求又可以分为内部尊重和外部尊重。内部尊重，简单来说，就是自尊。它指的是一个人希望在各种情境中都能表现出自己的实力，能够胜任工作，充满自信，能够独立自主。这是一种对自我的认可和尊重。

而外部尊重，则是希望自己在社会中拥有一定的地位，希望受到他人尊重、信任并且高度评价自己。这种尊重来自他人的认可和尊重。

马斯洛认为，当受尊重的需求得到满足时，人们会对自己充满信心，对社会充满热情，感受到自己生活的价值和意义。因此，受尊重的需求在人的心理需求中占据着重要的位置。

如何让团队全身心投入？

> 要想拥有一个充实的人生，你只有两种选择：一种是"从事自己喜欢的工作"，另一种则是"让自己喜欢上工作"。全身心投入工作一定会感到幸福！
>
> ——稻盛和夫

作为公司管理者，对内通常会关注：

工作投入度（Job Engagement）

员工敬业度（Employee Engagement）

团队向心力（Team Engagement）

工作投入度（Job Engagement）

工作投入度，指员工对工作的热情和投入的程度，包括积极参与、专注工作、努力完成任务、关心组织利益等方面。高度投入的员工，会觉得自己的工作非常有意义和价值，愿意为公司付出更多，并对公司的目标和方向持认同态度。心理学家米哈里·契克森米哈赖的"心流"(flow) 理论可以解释这一现象。如果说东方人强调的"修身"、保持"正念",从本质上讲就是个人追求心流境界的尝试,工作投入度从某种意义上则是员工在工作场景下、在组织内部所达到的心流状态。

如何提高工作投入度?

一、尝试更多事情。在为喜欢的事情努力时、当内在动机存在时,人们更容易进入心流的状态。只有通过实践去尝试做一件事,你才会真正知道自己对它的感受。

二、对"挑战"与"技能"做评估、匹配与调整。当你发现一件事情充满挑战,而自己却技能不足时,应当及时学习新的技能以应对挑战;相反,当一件事情挑战不够时,适当地增加难度也能帮助我们更好地进入心流状态。

三、设立明确而具体的目标,并主动寻求反馈。当目标越明确时,人们对于自己能否胜任就越有把握,也就越能专注和努力,而不会左顾右盼、犹豫拖延。而主动寻求反馈,能够帮助我们根据反馈做出及时的调整,避免反复碰壁而消耗热情和精力。

员工敬业度(Employment Engagement)

员工敬业度,指员工在主观意愿上对企业的投入程度,比如情感和知识方面,以及在客观能力上与岗位所要求的匹配度的综合,所以员工敬业度有时也被称为员工契合度。研究表明,员工敬业度每提升 5% 会带来 1.4% 的客户满意度的提高,进而使得公司的整体利润上升 0.5%。

怡安翰威特将敬业员工的行为分成了三个层次：第一层是乐于宣传 (Say)，就是员工经常会对同事、可能加入企业的人、客户与潜在客户，说企业的好话；第二层是乐意留下 (Stay)，就是员工有留在组织内的强烈欲望；第三层是全力付出 (Strive)，这是敬业的最高境界，就是员工不但全心全力的投入工作，并且愿意付出额外的努力促使企业成功。

如何提高员工敬业度？

经典理论一般聚焦在公司因素、领导因素、工作因素和汇报因素。这里我想根据马斯洛的需求层次理论并结合敬业员工行为的三个层次谈三个具体的着眼点，依次是归属感、显要感和自我实现。

一、增强归属感。日常工作生活中我们常会遇到一些人，他们高度认可并且愿意分享所在公司、团队的文化、愿景、使命、价值观等等。看得出来他们的乐于宣传是自发的和发自内心的，并且以此为荣。增强归属感与乐于宣传之间的关系是充要条件，即增强归属感可以提高员工宣传的意愿，反之亦然。引入良性竞争是增强归属感的一种方法，比如你作为公司代表队参加一个活动或者比赛等等。当年我作为公司代表参加校园招聘的时候就有很强的归属感。

二、增加幸福感。从多个维度考虑，这包括但是不限于：创造一个舒适、安全、健康的工作环境，提供公正、透明、合理的薪资和福利待遇，让他们觉得自己受到了公司的认可和重视。

为员工提供培训、学习、晋升等发展机会，满足他们的职业发展需求。与员工进行及时、有效、开放的沟通，关注他们的感受、需求和心理健康，尊重他们的个性和生活方式。为员工提供灵活的工作时间、地点和方式等，允许他们根据自己的需要和要求安排工作，增强员工的工作满意度和生活平衡。这些都可增加员工在组织内的幸福感，并更乐意留下。

三、助力自我实现。自我实现是马斯洛需求层次理论的最高层次需求-第五层。自我实现的前提，一个是前四层需求已经得到满足；一个是当事人有具体的目标，但是需要个人的持续努力以及外部力量的支持。当员工能在工作中实现自我价值的时候，员工才能全力付出，为组织做出更大的贡献。

团队向心力（Team Engagement）

团队向心力，指一个团队具有优良素质所形成的吸引力。团队向心力能够激活、唤醒并强化每个成员之间的关系，让每个成员之间获得最大程度的合作，并让合作效率得到最大程度的增强。另外，团队向心力也是企业对外的一种竞争力，是企业的第一战斗力，关乎企业和团队的发展。

如何提高团队向心力？

一、为员工规划一个共同的愿景、使命、价值观。企业愿景，就是企业的发展和前途，是企业行为的根本目标，是员工信心的基础来源。企业应该依靠文化建设将员工的价值观和企业的核心价值观统一起来，确保员工团结一致、全力以赴，去奋斗！

二、为员工创造可持续发展的环境。"不让雷锋吃亏"便是任正非先生提出的华为公司为员工创造的可持续发展的环境之一。执行层面则是由股权分配，干部任命，培训机会，奖金分红等等制度来保障的。

三、考核公平透明，结果落地执行。企业要建立公正合理的考核体系，充分评估员工的优势劣势。对待个人主义、消极思想者，可及时警告，直至予以淘汰；而对有不良品质者，则立刻开除队伍，绝无姑息余地。

职场心理学：心流

心流，这个由心理学家米哈里·契克森米哈赖提出的理论，是他在观察一些特定领域的人工作时发现的。这些人，包括艺术家、棋手、攀岩者和作曲家，在工作时都是忘我般地全神贯注。他们参与这些活动的乐趣，并不在于活动外在报酬，而在于活动本身。这种全神贯注的状态，使得他们产生了心流体验，这是一种最佳的体验，能让人感受到深深的满足和快乐。

什么是未来组织最重要的职能？

比尔·盖茨在不同的场合中多次提道：

未来的领导者将是那些给他人赋能的人。

"赋能"一词最早起源于积极心理学，其核心思想是通过改变言行、态度和环境，为他人提供正能量。后来，这一概念被广泛应用于商业和管理领域。通常指，企业通过自上而下的授权，特别是员工自主工作的权力，实现组织扁平化，最大程度地发挥个人才能和潜力。这意味着，领导者需要摒弃工业化时代的管控思维，发展出与组织赋能职能相匹配、与互联网时代相适应的全新领导方式。阿里巴巴执行副总裁曾鸣教授在为《重新定义公司》撰写的序言中提道："未来组织最重要的职能是赋能，而不再是管理或激励。"

我的理解是，通过赋能来调动主观能动性，激发组织、领导力和员工的活力，解决现实中越来越多的不对称性、不确定性和高复杂度问题，实现效率最大化。

为了更形象地解释赋能，我打个比方：组织是骨骼，领导力是经络，员工是肌肉。我们需要全方位地赋能组织（正骨）、赋能领导力（调经络）和赋能员工（增强肌肉）。

赋能组织

组织是骨骼。赋能组织的核心是"正骨"，以便形成协同力。试想一个驼背的人，纵然他的经络再健康，肌肉再强壮，恐怕也无法保持挺拔的身姿。

打造文化，明确愿景：组织需要有清晰有力、立意高远的愿景和使命以及与之适配的企业文化，协调组织中人们的努力，驱动他们为之奋斗和努力。

提升组织，改善流程：优化组织结构，尽量扁平化。时常审视管理流程，确保目标符合 MECE 和 SMART 原则（详见我的另一本书《每句话都值钱：优势谈判的 35 个沟通模型》）。比如京东的 8150 原则，其核心是保证组织扁平化。"8"是公司要求每个管理者直接汇报的下属不得低于 8 个人，如果不到 8 个人，就减少中间层级的管理者。只有向一个人直接汇报的下属超过 15 人，公司才允许在同一个管理层级再增加一个管理者。"50"指的是同一工种的基层员工，要求管理的人员不能低于 50 个人，只有超过 50 个人才可以考虑设立第二个团队领导。

驱动协同，科技先行：组织效率来源于协同。利用科技手段，如移动审批等，提高内部和外部合作伙伴的协同效率。

赋能领导力

领导力是经络。赋能领导力是调经络，让管理者与时俱进的同时，将资源和养分输送给员工。管理者要做自律、学习、改变的表率。管理者需要具备自律、学习和改变的能力，以适应不断变化的环境。

打造人人都有参与感的沟通环境：创造一个让员工、客户、供应商等各方利益攸关者共同参与的沟通环境。

"授人以鱼"+"授人以渔"：鼓励员工的"敢做"行为，同时对员工的"敢做"行为的结果有更多的包容。

赋能员工

员工是肌肉，赋能员工的核心是增强肌肉，让它更加强劲并释放创造力。以下三点建议可以赋能员工。

首先，让"听得见炮火的人呼唤炮火"：赋予员工更多的权力，让他们有更多的决策和行动自主空间。

据说这是2009年开年，任正非向华为全体员工发出的振聋发聩的呐喊。这句话的核心思想是指减少自上而下的控制，让员工拥有更多的权力，从而有更多决策和行动的自主空间。

其次，"不让雷锋吃亏"：营造一个"三公一透"的环境，即公平、公正、公开、透明。具体的体现包括但不限于：公平的目标设定，公正的价值判断，公开的绩效考评，透明的沟通机制。比如很多优秀的管理者都会在新的一年与全体员工分享一整年的工作运营日历就是个不错的实践。

最后，"群策群力"：鼓励全体员工参与，提高面对不确定时的定力和解决复杂问题的能力。

群策群力的核心有两个：一是全体参与。为其创造可以展示自己才能的舞台，让每位员工在整个过程中都感受到自己的价值，这本身就是一种激励。二是提高能力。提高每个人面对不确定时的定力以及解决复杂问题的能力。

下面，分享两个赋能员工的案例。

案例一：在《社交的本质——扎克伯格的商业秘密》一书中，作者布兰迪·扎克伯格（扎克伯格的姐姐）提到了脸书（Facebook）每周末都会举办代码编程比赛，所有人都可以参加。非程序员的人，如美工可以吗？当然可以。每周一进行公开评比，并选出优秀作品。这个传统据说一直流传下来，并大大激发了所有员工的积极性和创造力。曾经风靡一时的Poke功能的灵感可能就是来自某一次代码编程比赛。

案例二："星巴克的员工为什么挖不走"成了某段时间的网络热搜词。其高管透露了其中的秘诀：那就是星巴克独特的"伙伴文化"。公司建立了一套严谨完善的培训体系，用以帮助"星巴克伙伴"们向客户推广咖啡文化，包括普及咖啡知识，增进客人对咖啡生产地的认知等；在部分员工中，针对宝爸宝妈群体提出的希望多一点时间陪孩子的诉求，星巴克特别辟出了每年两周的额外带薪假期，以帮助他们获得与子女相伴的幸福时光。而对学生党，星巴克曾有政策为他们报销两年的大学学费——CEO舒尔茨对这个新推行的教育激励机制也异常重视，他说不希望"星巴克伙伴"因学历门槛而落后于这个经济高速发展的时代，星巴克希望这项措施能够重建他们的个人梦想。

职场心理学：赋能

"赋能"指的是通过提供资源和支持，帮助个体认识到自身潜在的能力、价值和影响力，从而增强其自信、自主性和动力，并促进其更好地应对挑战和实现目标。

具体来说，"赋能"包括以下几个方面：提供资源和支持、增强自我效能感、促进自主性、强化正向情感、增强社会支持。例如，一家公司可以通过培训、交流、团队建设等方式来增强员工的赋能感。公司可以为员工提供知识、技能、资源和支持，鼓励员工独立思考、创新并承担更多的责任，同时要给予他们足够的信任和自主性。此外，公司还应该加强与员工之间的沟通和正向反馈，促进员工的积极情感和归属感，建立一个积极向上的企业文化和团队氛围。这样做可以增强员工的工作满意度和忠诚度，从而提高公司的竞争力和发展潜力。

如何管理 Z 时代员工？

"Z 时代员工"是指出生于 1995 年至 2010 年之间的一代人，也被称为千禧一代、数字原住民、移动互联网原住民。这一代人成长在信息爆炸、数字化快速发展、人工智能崛起的时代，对科技和互联网具有天然的亲和力，他们更倾向于独立自主、自我表达和创新思维，并注重工作与生活的平衡。

在不久的将来，随着 Z 时代员工逐渐成为公司主力军，如何管理他们成了企业发展的关键问题。

A 领导发现，年轻员工更喜欢用社交媒体沟通，而不是诸如电子邮件这样的传统的沟通方式。这对老员工来说是个挑战，并引发了一些问题。

一次，有位员工在社交媒体里讨论了一些项目细节，但老员工没有注意到，导致信息出现了不对称并引发一系列不良反应。这让 A 领导非常不满，认为年轻员工太不好管了。

HR 意识到问题的严重性，便组织了一次会议，让年轻员工和老员工分享自己的沟通习惯和偏好，并讨论可能带来的问题。

基于会议结果，HR 调整了公司的沟通策略。通过培训和指导，他们帮助老员工更好地使用新型沟通工具。他们还开发了一个沟通平台，旨在整合公司中所有的沟通渠道，包括社交媒体、电子邮件、即时通信等，以便员工可以根据自己的喜好选择最适合自己的沟通方式。此外，HR 也建议领导层鼓励互相学习，通过定期组织跨部门的沟通活动来加强员工之间的交流。慢慢地，老员工开始接受和熟悉新的沟通方式，并逐渐与年轻员工建立起更紧密的联系。

B 领导多年来一直采用命令式的管理方式。然而，随着越来越多的年轻员工加入公司，他们对于这种"上级领导者说了算"的管理风格感到非常不满，认为这样做无法体现他们的能力和价值，甚至当场"掀桌子"整顿职场，这让 B 领导头疼不已。

后来，通过一次全员调查，B 领导了解到，大部分员工都希望管理层注重员工的意见和参与度，并且希望被认可和被重视。很快，公司建立了一个"内部孵化器"系统，让有才华的员工可以获得更多的机会和资源来发展自己的潜力。最终，公司的整体业务和竞争力也得到了进一步的提升。

C 公司的一位"零零"后员工非常关注新技术，并且给管理层提出了不少技术升级和革新的建议。遗憾的是，公司领导层不想在新技术研究和开发中投入更多,自然也就没有认可和支持他。没过多久,这个员工跳槽到了竞争对手D公司。

D公司的管理层对于新事物保持着极度开放的态度,他们成立了一个新技术研究小组,鼓励员工参加行业会议,这些举措激发了员工更强的创造力,使公司的产品和服务变得更加创新和具有差异化,客户满意度得到了提升。

综上所述,Z时代员工更加注重自主性和个性化、有创新精神和对个人价值观念的尊重。他们期待参与公司的管理,并且希望不断更新自己的技能和知识水平达到自我价值的实现。所以,在管理Z时代员工的过程中,管理者可能会遇到挑战。

管理Z时代员工的5个挑战

一、多样化的价值观。Z时代员工对个人价值观的关注度高,他们追求多元化和包容的文化氛围,这需要公司提供一个开放和包容的环境。

二、对工作生活的平衡要求高。Z时代员工希望能够平衡工作和生活,需要公司给予他们灵活的工作时间和地点。

三、追求个性化和自主性。Z时代员工更加注重自主性和个性化,在工作中需要给予他们足够的空间和支持,同时需要建立有效的沟通机制。

四、技能和知识水平不断更新。随着科技的进步和行业的变革，Z时代员工需要不断更新自己的技能和知识水平，公司需要为其提供学习和发展的机会。

五、对反馈和认可的要求高。Z时代员工希望得到及时和准确的反馈和认可，公司需要提供有效的反馈机制，以便他们可以了解自己的表现，并做出相应的调整。

管理Z时代员工的10条建议

一、建立开放和包容的文化氛围，允许员工发挥个性和创新思维。

二、提供灵活的工作时间和地点，以满足员工对工作生活平衡的需求。

三、给予员工足够的自主空间和支持，同时建立有效的沟通机制，以便及时解决问题。

四、提供多样化的学习和发展机会，帮助员工不断提高自身技能和知识水平。

五、建立有效的反馈机制，及时给予员工积极的反馈，并赞扬他们的成就和努力。

六、通过多种方式激励员工，如提供福利、奖励和晋升机会等。

七、打造强大和有吸引力的品牌形象，以吸引最优秀的Z时代人才。

八、在管理过程中,注意尊重和理解员工的个性化需求。

九、提供多元化的职业发展途径,让员工有足够的空间去探索自己的潜力和兴趣爱好。

十、鼓励员工参与决策过程,倾听他们的建议和观点,在制定决策时充分考虑员工的需求和反馈,让员工感到自己的存在和价值。

职场心理学:同理心

同理心,是指一种理解和感受他人情绪的能力,它能够帮助人们站在他人的立场思考问题,体察他人的需求与感受。在职场管理中,同理心是一种重要的领导能力,它可以帮助管理者更好地理解员工,提升团队的凝聚力与工作效率。

对于 Z 时代的员工来说,他们更加强调个性化、灵活性与公平性,因此,同理心的应用需要更加细致和具有针对性。

如何快速适应变化？

智慧就是适应变化的能力。

——霍金

身为管理者，你可能领导着大小不一的团队。作为引领者，你总是第一个直面每天可能发生的各种变化。而能够带领团队迅速适应变化的前提是：你自己能快速适应变化。

有一次，在高管会议上，我的美国领导分享了一段经历："我小时候，祖父祖母开着20世纪50年代的车，感到很惬意。但在不久的将来，汽车将不需要我们亲自驾驶，因为有无人驾驶汽车……世界在快速变化，我们需要改变态度、思考问题的角度和做事方式，这样才能适应变化。团队适应变化后，公司从上至下才能适应变化。公司适应变化后，才能影响外部世界，进而引领变化。"

这段话让我深感触动。一方面，我的工作和生活中经历了太多变化，我目睹、参与和实践了这些变化。另一方面，我曾经是 GE 一门变革管理课程 CAP（Change Acceleration

Process加速变革流程）的内训师，因此对于变化、变革管理这个话题本身就会更加敏感，更加关注。

我曾看过一部讲述中国自由潜水第一人王奥林的故事的纪录片。纪录片展示了王奥林第14次刷新中国自由潜水深度纪录（110米！）的全过程。你可能会认为王奥林从小就是专业运动员出身，一路开挂创造了中国记录！然而，事实并非如此。

王奥林出生在云南，从小就是个旱鸭子，甚至有点恐水症。直到2013年，王奥林去菲律宾的长滩岛旅行，有了第一次潜水体验，并开始喜欢上潜水。再后来，他开始尝试自由潜水。2014年，他放弃了原有收入不菲的白领工作，成为一名职业自由潜水员，并开始向100米的深度发起挑战。这个决定让家人和朋友都很不理解——成为职业运动员能养家吗？在不断创造和刷新中国自由潜水深度记录的过程中，他经历了很多来自自身和外界的压力和挑战：两次挑战108米失败，水中醉氧导致失去知觉，肺部遭受挤压伤，业务伙伴的质疑，妻子的担心……另外，和大多数普通人一样，即使成为自由潜水员之后，在面对深不可测的大海和漆黑的湖泊的时候，他也同样充满了恐惧，也有相当长一段时间甚至惧怕跳进水里。

后来，他看了威尔·史密斯的电影《重返地球》，其中的一段话："危险是真实的，但恐惧是一种选择。"这段话让他找到了克服恐惧的出处——他意识到，对于自由潜水来说，真正的恐惧来自你怎么看待自由潜水这件事，以及整个潜水过程中你的想法。

如果你想经历变化，迎接挑战，首先，你需要战胜自己——选择不畏惧。同时，为可能的危险做好充分的准备。因为做到了这一点，王奥林没有因为失败而恐惧，而是调整好心态，坚持科学训练和康复，充分评估和顺应形势的变化，最后第14次刷新中国自由潜水深度纪录，达到110米！

最后，分享我一下我自己经历和适应变化的故事。我是一个20多年的职场"老司机"，起初做采购员的时候，我是一只"小白"——那时我对采购一窍不通。

一路走过来，我负责的品类越来越多，团队规模越来越大，身上的担子也越来越重。我曾经在一年半的时间里换了6个领导（其中两个是外籍）。那阵子整天琢磨的就是新领导是什么管理风格？对我有什么要求？我怎么更好地适应？适应不了怎么办？

接手了新的品类，作为负责人的我却对产品知识、市场动态、供应商分布等等情况知之甚少。于是，我一头扎下去潜心研究，不仅把一切都理顺了，还制定了品类采购策略。

当我开始管理全球采购团队了，26个团队成员中有25个是外籍，而且遍布世界各地，每次开电话会议的时候跟开"联合国大会"似的。我在开始的时候也很挣扎，怎么管理好这支多元化团队？

后来，通过不断学习和向别人请教，我摸索出了管理跨文化团队的方法,并且开始不断拓展我的职业发展之路。当变化来临时,我要做什么?这个问题是当你面对变化时,第一个需要思考和回答的问题。请注意:我这里用的是"我要做什么",不是"我能做什么"。

"我要"表明的是态度,"我能"代表了能力。我的建议是:影响能影响的,关注该关注的。能影响的包括:我的态度,我的绩效,我的行动。该关注的包括:我的领导,经济环境,技术变革,公司决议。

职场心理学:认知重构

认知重构,是指一种通过改变个体的思维模式,以治疗情绪问题的心理疗法。它旨在纠正那些可能导致焦虑和抑郁的负面、歪曲或不合理的思维。认知重构的基础在于,人们在面对生活挑战时,常常产生不切实际或消极的思维反应。这种疗法的目的是,通过辨识和审视这些思维,揭露其中的错误和局限,并用正面和合理的思维取而代之。

认知重构的三个步骤是:一,**意识到自身存在的负面和不合理的思维**;二,对这些思维进行评估,**审视它们的客观性和证据支持**;三,根据评估结果,**修正这些思维,寻找更为积极和合理的思维替代**。通过这样的过程,个体在面对挑战时,能更有效地转化负面情绪,减轻不必要的压力,进而促进心理健康。

如何"用好"领导,做好向上管理?

把领导用在刀刃上,才能最大化发挥领导的价值。让我们来看三个案例。

案例一:业务会议中,双方会晤人员的身份要对等

首席运营官收到采购经理的信息:

"大领导,XXX大区总监,集团客户负责人想下周二或下周三来拜访,谈集团合作的事情,不知道您是否有空,想邀请您参加会议。我的直线领导(采购总监,汇报给首席运营官)下周出差不在。"

首席运营官不自觉地皱了皱眉,回复:

"建议你领导在的时候再请他们过来,或者你先和他们谈起来。另外,约正式商务会议的时候,双方出席人员职级尽量对等好一些。这样可以很快,甚至当场就做决策。"

是这个首席运营官太傲娇了,摆架子吗?或者不在乎这家合作伙伴?

案例二：签约仪式中，双方签字人的身份要对等

在 A 公司（客户）和 B 公司（供应商）的战略合作签约仪式现场，两家公司的 CEO 都出席了，可见这次签约仪式的重要性。A 公司是亚太区行业的龙头企业，B 公司是全球 500 强。都是有实力的大公司，这次也是强强联手。

在双方的全球 CEO 都致完辞之后，进入了正式的签约环节。两位掌门人——全球 CEO 都自然而然地站在签字桌的后面。B 公司这边是中国区 CEO 坐在签字桌前，A 公司陪同全球 CEO 到场的是对口业务的副总裁。看到马上要签约了，他想请 CEO 坐过去签字，CEO 示意他签字就可以。这个副总还想推辞，CEO 压低声音说了一句："我让你签你就签，还推辞什么？！"副总听了这句话，赶紧坐下把协议签了。然后和 B 公司交换了协议……最后，双方管理层合影留念，两位全球 CEO 站在第一排正中央。

回去后，业务副总没有问 CEO 当时的情形，而是自己查询了一下有关签约礼仪的信息："商务签约时，签署人可能是公司一把手或有关业务负责人。特别要注意的是，无论何种情况，双方签署人的身份应当对等。"

"明白了！"业务副总恍然大悟：当时 B 公司的签字代表是中国区 CEO（区域一把手），不是全球 CEO。为了体现身份对等原则，我们公司的全球 CEO 也不会作为签字代

表。"看来要做好高管,得不断学习,提高认知,方方面面都要考虑周全照顾到啊。"业务副总不仅感慨道。

案例三:大型活动中,坐在一起的人的身份要对等

李国威,"中国公关第一人",原GE(中国)品牌与传播总监,领导并参与了GE在中国的品牌重塑,包括赞助2008年北京奥运会、2010年上海世博会美国馆赞助等重大里程碑项目。他的职场畅销书《金领手记》里面有这么一段话:

"在大型活动中,不遗余力地让领导跟他身份相符合的人坐在一起。"

上面3个案例都强调商务场合下,双方的身份要对等。为什么?

一、这是商务活动的基本礼仪。目的是保证平等。

平等是合作的前提,也是各种正式场合的正常礼仪要求。

二、确保不在第一时间就把手里的子弹打光,资源用尽。

假设在一个公司级别的谈判中,C方代表是副总,D方代表是集团一把手。会出现什么局面呢?

如果D方提出的条件C方直接回绝,D方就没有退路了。因为集团一把手都出面了,后面没有牌可以打了。而C方代表是副总,后面可以有高级副总、执行副总、总裁等等。"弹药"充足,回旋余地很大!

30. 如何"用好"领导,做好向上管理?

三、更有效地解决职权范围内的问题。

如果双方代表身份相当，大概率可以有效解决职权范围内的问题。

而如果双方代表身份不相当，比如故事二中的例子，就会出现一方（D方）说："咱们拍板吧"，另一方（C方）说："我得再请示一下我领导。"

如果你是D方，你会是什么感觉和反应？

所以我才说：不要轻易出动领导，要把领导用在刀刃上，才能最大化发挥领导的价值。

职场心理学：马斯洛需求层次理论

马斯洛的需求层次理论，作为心理学领域的经典激励模型，区分了人类需求的五个级别，由基础到高级分别为：生理需求、安全需求、社交需求、受尊重的需求和自我实现的需求。这一理论强调，只有当较低层次的需求得到满足后，个体才会追求更高层次的需求。

在职场中，了解并满足上级的这些需求，是有效向上管理的关键。具体实践可从以下几点入手。

安全需求：虽然我们不必担忧领导职位的安全，但我们可以通过尽职尽责的工作表现，确保领导对团队和项目的安全感。

社交需求：与人交流是基本的社会需求，包括你的领导。偶尔与领导进行非正式交流，可以加深彼此的了解和信任。

受尊重的需求：在言谈举止中尊重领导，如使用敬语、不打断他们的发言等，都是体现尊重的方式。

自我实现的需求：对领导的帮助和指导表示感谢，对他们的成就表示祝贺，这些行为都能让领导感受到自我价值的实现和被认可。

如何跟爱挑剔的上司相处?

有很多人都认为自己的领导有毛病。其中爱挑剔就是被广泛诟病的。

爱挑剔的上司有什么具体表现?

"吹毛求疵"

J给上司汇报工作:领导,这个季度的销售额是150万元,其中A部门85万元,B部门50万元,C部门15万元。

"实际销售额不会这么整齐,应该是有零有整吧?"领导问。

"是的。不过都差不了几万",J嘴上说着,心里嘀咕:您可真是吹毛求疵!不就差了百分之几吗?

"虚情假意"

M是领导的新助理。一天,领导在开会。让M先代他接待来访的一拨客人。

等领导开完会,到会议室一看。客人们都在各自的电脑上忙活着。不仅 M 没了踪影，客人们连一瓶水都没有。

事后，领导问新助理 M 为什么没给客人水？

M 说：问了他们，他们说不用客气。我就没客气……

领导哭笑不得：人家说不客气，那是跟你客气。你还当真啊？！

新助理心里不服：当领导的都是虚情假意！

"小题大做"

T 去一家公司面试，面试官就是未来的上司。面试到中间的时候，面试官发现 T 的 2 页简历中有 9 个错别字。他提醒了 T，并且问："你怎么看待简历里有错别字这个问题？"

"可能马虎了，不应该这样"，T 虽然嘴上这么说，可是心里却想：不就是几个错别字吗？至于这么小题大做吗？

还有让你**左右为难**的领导。领导交代好了文件内容和打字格式，等你拿给他签字时，他又说字体不对，字号太大，排版也有问题……总之，都是你的错。

或者你从事的是专业性很强的工作，上司对专业一窍不通，但是却对你的能力"不放心"。于是有时候，你说也不是，不说也不是。如果你说，他说你不要说细节，大家听不懂。如果你不说，他说你不是懂吗，为什么不说点细节？总之，左右都为难。

以上这几种领导的挑剔有什么不同呢？

第一个故事中，看似领导在说差的那几万，实则是在强调数据准确的重要性。所以，**这不是吹毛求疵。**

第二个故事中，如何招待客人不仅仅是礼貌不礼貌的问题，更重要的是，这从一个侧面反映了公司文化，展现了公司的形象。所以，**这不是虚情假意。**

第三个故事中，T 对于简历上的错别字满不在乎。可是找工作这么大的事，你都不重视，可能被人怀疑缺乏责任感。所以，**这不是小题大做。**

而在第四个故事中，这位领导做人做事都显得没有担当。**这种左右为难，完全没有必要承受。** 骑驴找马，一走了之是最明智的选择。

综上，有些时候，我们抱怨领导爱挑剔，是因为我们只看到了表面现象。如果静下心来想一想，这种"爱挑剔"有一定的道理。甚至是必不可少的。

而有些时候，我们已经看到了事情的本质，却还"纵容"领导的爱挑剔。最后大多害了自己。

如何跟"爱挑剔"的领导相处？

我有 4 条建议。

一、改变视角和心态，把自己的视角和心态调整成和上司一样的。这是最基本，也是最关键的一步。当你这样做之后，你可能会豁然开朗："原来上司的能力也很强！""原来他掌握这么多我没有掌握的资源，怪不得做事顺风顺水！"

二、理解和包容领导，多花时间理解领导的意图。用心感受领导话里的真实意图以及言外之意。通过捕捉细节、判断出领导的真实喜好，抓住领导的侧重点以及期望。理解领导最有效的一个方式是同理心，也就是设身处地地想一想如果你是领导，你会怎么想、怎么说、怎么做？

当上司交给你一项任务之时，你应该问清楚他的要求、工作性质、最后完成的期限等等，避免彼此发生误解，应尽量符合他的要求。

三、观察和判断领导行为的动因。让你背锅也好，对你挑剔也罢，都从某个侧面透露出一个信息：你的领导不太喜欢你。你应该多自省自己哪里做得有问题，而不是觉得"领导是个神经病"。

但是如果你的领导爱挑剔是因为人品问题，你要及早观察判断出来，以便及早采取止损的行动。

四、给予反馈和采取行动。这里说的反馈不是直接给领导提意见，而是通过你做事的态度、风格和结果让领导了解你的为人处世。遇到领导挑战你时，不要急着辩驳，更不要回避问题。应该正视问题，尝试与你的领导相处。让他看到你的思想和人格。一个言行一致、处事有原则的人别人自然不会小看，就算领导也不例外。

如果领导的挑剔是担心你会取代他时，你应该尽自己最大的努力使他安心，让他明白你是一个忠心的下属，你可以主动提出定时向他报告的建议,让上司完全了解你的工作情况。一旦获得他的信任后,他便不会对你过分地要求完美的工作效果。

而如果你的领导就是无理取闹,鸡蛋里挑骨头时,你可以考虑换个岗位或者换个工作。

职场心理学:自我情绪管理

自我情绪管理,是一项关键的心理技能,它关乎我们如何识别、调控和表达自己的情感。

它的核心理念是,我们的情绪反应会直接影响我们的思维方式、行为选择以及身体健康。在职场上面临压力和挑战时,人们常会经历焦虑、沮丧或愤怒等负面情绪,这些情绪进而影响我们的决策力和行动效率。通过有效地管理情绪,我们能够更好地应对工作和生活中的压力,提升工作效率,降低心理问题的发生率。

比如,当我们遭遇上司批评,首先需要意识到自己的情绪反应——是否感到愤怒或沮丧。接着,应当给自己一些时间冷静下来,客观分析批评的内容,分辨其中的合理性和问题所在。之后,我们可以通过与同事或朋友的交流来缓解情绪压力,或者寻求专业心理咨询师的帮助,以更健康的方式应对挑战。这样的一系列情绪自我管理技巧,将帮助我们更好地掌控情绪,更有效地应对职场上严格的上司。

如何发展横向领导力？

职场中，每个人都可能扮演着多重角色：上级、下级，以及同僚。这里说的"横向领导力"，是一种在组织内通过跨部门协作实现共同目标的能力。不同于传统自上而下的纵向领导力，横向领导力侧重于跨团队、跨部门的信任建立、沟通促进及资源协调。

但问题来了：当没有上下级关系，甚至需要领导职级更高的同事时，我们如何展现领导力？

回忆起我作为采购员主导的一次成本节省项目，当时我面临的正是这样的挑战。项目组由来自不同部门的同事组成，他们的职级要么与我平级，要么更高。我并没有对他们施加行政管理的权力，但我需要推动项目进展，这就要求我发挥领导力，确保项目的顺利交付。那么，我是如何做到的呢？

首先，我组织了一个项目启动大会，深入分析了项目背景、对公司的意义、预算、项目组成员、时间节点等。我让大家看到我深厚的采购专业知识和管理能力，以建立起对项目成功的信心。同时，我也强调了通过这个项目可以学习到的知识和技能，并建立了一个共享盘，上传了相关资料供大家学习和参考。

其次，我为每个项目组成员明确定义了角色，并规定了不同角色间的信息传递方式。比如，在成本核算问题上，采购部门负总责，财务部门提供咨询，而研发和质量部门只需接收通知。这样，每个人都专注于自己的专业领域，高效协作得以实现。

此外，我还定期组织项目会议，并在会议上表扬表现突出的同事，鼓励大家向他们学习。如果项目遇到困难，我会集中讨论解决方案，而不是指责个人。必要时，我会私下与同事沟通，了解他们遇到的问题，并协助寻找解决方案。

在分配任务时，如果有人感到为难，我会鼓励他们，表达对他们的信任和依赖。任务完成后，我会组织庆祝活动，并总结项目执行情况及改进之处，将成功案例分享给大家。

这个项目的成功不仅带来了紧密的合作关系，还让我总结出了提升横向领导力的三个关键方面：

一、用专业和能力赢得同事的信任。你愿意跟有能力的人一起干吗？愿意！因为跟着他们一起干更容易成功。人都是渴望成功的。同时，在合作的过程中可以学到很多东西。

二、用利他主义使同事愿意合作。中国有句老话：无利不起早。其实当我们做任何事情的时候，都会不自觉地先问自己：这有我什么好处？然后再根据答案来决定付出多少。这是人的本性。所以，如果想让同事心甘情愿地为你做事，你就得想这里面有他们什么好处？能挖掘出来的好处越多，就会越有人愿意为你做事。

三、用发自内心的赞美使同事感到愉悦。职场中，我见过不少因为沟通不到位或者不得体导致纷争、冲突，甚至还有升级成暴力事件的。有时候仅仅是因为一句话。

而发自内心的赞美就不会产生这样的问题，因为人都是喜欢被赞美的。何况这个赞美是发自内心的。发自内心的赞美的主要特点是具体、详实、带着案例或者故事。比如，不是说一句"他的能力很强"，而是说"他的能力很强。比如有一次遇到了一个问题，他上去之后只用了10分钟就解决了问题"。

职场心理学：思维定式

思维定式，是指我们在处理信息、做决策时，依据的一种既定模式。这种模式受个人经验、文化背景等因素塑造，虽有助于快速反应，却也容易导致思考僵化、创新受限。

在发展横向领导力时，打破思维定式至关重要，因为这能让我们更全面地利用团队潜力，为组织带来更大利益。

如何打破思维定式呢？首先，要自觉审视自己的思维模式，识别并挑战潜在的偏见、局限和刻板印象。其次，在工作和生活中，保持思维开放，积极吸纳新观点，并将其与自身经验结合，以形成更为全面准确的见解。在团队沟通与管理中，推崇多样性，尊重不同视角，通过多角度的讨论和思考，有效防止思维定式的形成，并催生创新解决方案。

最后，持续学习与自我提升是关键。通过不断学习与实践，我们可以拓宽视野，丰富思考维度，从而避免陷入思维定式的陷阱。

如何和下属"打成一片"?

看到和下属"打成一片"这个题目,"前浪"领导们可能会表达不满:领导要和下属打成一片?搞反了吧?应该是下属要和领导搞好关系吧?领导和下属不是要保持一定的距离吗?

根据我的经验和观察,职场中这两个都很重要。面对"后浪"们的崛起,领导们需要重新审视与下属的关系,适应新的职场环境。**和下属"打成一片"并不意味着领导要放低姿态,而是要建立一种平等、尊重、互信的合作伙伴关系。**这样的关系有助于领导更好地了解下属的需求和期望,调动他们的积极性和创造力,从而提高团队的整体表现。

要和下属"打成一片",具体怎么做?我们先来看 3 个小故事。

法国领导

我曾经结识一位法国领导。他非常"绅士",但过于严肃认真，不苟言笑，只谈工作，从不过问八卦。由于他总是皱着眉头，抬头纹也很明显，一位同事形容他的脸"乍一看像一副棋盘"。因此，他的下属都对他敬而远之。这让他感到很苦恼，为此他向我寻求建议。

我告诉他："听说你擅长制作法式甜品，为何不尝试在周五为大家带来一些你亲手做的甜品呢？这样既能展现你关爱下属的一面，又能满足大家的口腹之欲，拉近彼此的距离。"

于是，某个周五，他真的带来了自己亲手制作的法式甜品和法式咖啡。从此，每个周五成了他们的下午茶时光，他的办公室里充满了欢声笑语。这样的活动让他们之间的关系越来越融洽，他也非常享受这样的时光。通过这些聚会，他还了解到了公司的一些不为人知的小秘密，连他的中文水平也得到了提高。他得意地用中文成语"一箭双雕"来形容自己的成就。

"空降兵"

B是"空降"到公司的新领导，对公司的上上下下不是很了解。好在有大领导的支持，他一方面做组织转型的顶层设计，一方面频繁地和团队里的骨干成员沟通交流，并且不惜自掏腰包，多次请大家吃饭，拉关系，唠家常，侃大山。看似无意之间却句句都能点中要害。同时，他也和有工作关系的同事"打得火热"，借以增进彼此的理解和支持，消除跨部门之间存在的隔阂。他还要求直属汇报团队每周给他写周报，并且在前 3 个月把所有的邮件都抄送给他，以便他迅速了解一线的"战报"。

开始的时候，团队很不适应，觉得 B 搞人际关系很有一套，似乎精通职场厚黑学，但是不知道业务能力行不行，能活多久。后来他们慢慢发现，B 是个实干派，解决各种"疑难杂症"绝对不在话下。而且因为他和各部门的关系搞得犹如鱼水情深，所以很多原先很难解决的跨部门问题现在解决起来也容易多了。

"潜水艇"

C 是从基层一步一步干起来，然后逐步被提拔起来的领导（所以称"潜水艇"）。他对于业务了如指掌，人脉关系广泛且深入。很多时候有些问题看似毫无头绪，他一出马就迎刃而解了。当然，他也逃不过"手里有把锤子，看啥都是钉子"这个"墨菲定律"，所以个人风格比较固执，笃信经验主义，学习能力不强。

工作上，他一方面给团队一定的授权，独立承担项目，解决问题且有一定的容错率。另一方面，他死死抓住几个重点的业务线和项目不放。不仅要亲自过问，还时不时事必躬亲，亲自上阵。搞得正管的项目经理有时候无所适从。

对待下属，他采取一种若即若离的策略，有需要时随时找你，不需要时则长时间不过问。他有自己的核心小圈子，在分配工作和项目时也会有所侧重。

现在问题来了：这三位领导各具风格，都能解决问题。大家觉得哪位领导更容易和下属"打成一片"？

职场心理学：共生效应

共生效应揭示了在合作互动中，个体通过互相配合与支持，能够实现远超单打独斗的成果。在组织管理与领导力领域，这种效应尤为关键。以下是提升共生效应的 5 大策略。

首先，打造基于信任和尊重的伙伴关系。稳固的信任是高效共生的基石，能显著提升团队表现。

其次，明确共同目标和使命。共享目标能够增强团队成员间的凝聚力，从而激发共生效应。

然后，加强沟通与交流。及时有效的沟通是理解同伴、达成共识的关键，有利于提升团队协作。

接着，鼓励团队内部协作与支持。通过促进成员间的互助，可以加强团队联结，发挥共生优势。

最后，实施适时激励与奖励。认可与奖励成员的努力与贡献，将深化彼此间的信任，进一步提升共生效应。

通过实施这些策略，组织不仅能够提升工作效率，还能构建一个更加和谐、有凝聚力的工作环境。

如何定义高绩效员工?

你们公司是怎么定义"高绩效员工"的?

通常,我们查看员工的绩效考核表总分。一般绩效考核表包含两到三个部分。在有些公司里,对于不带团队的员工,绩效考核分为两部分:业务绩效和文化绩效。例如,采购人员的业务绩效可能包括成本节约、交付、质量、付款期等。文化绩效则涉及对公司文化、愿景、价值观的认同和行为实践。对于带团队的员工,绩效考核表通常还包括第三部分:领导力。

问题是,如果不看绩效考核表,我们能否判断一个员工是否为高绩效员工呢?答案是肯定的。我们可以观察他们的行为。毕竟,眼见为实。我们不能仅听他们说什么,还要看他们怎么做。最终,我们要得出的结论是,员工是否是"被需要"的,"被需要"的程度越高,绩效也越高。

听一个朋友讲,在 A 公司,每个物料品类都有一个采购经理。这些采购经理每 2 到 3 年做一次轮岗。A 公司是每6个月谈一次价格。每年的11月份左右，来年1～6月份的新价格已经谈完了。A公司规定新价格来年1月1号生效就可以。可是A公司的员工偏不。就算是要去下一个岗位轮岗了，他也会拼尽全力地让新价格提前一个月生效。有人不解地问："为什么要这样做？动力是什么？"一方面你已经达到了降本的目标，另一方面公司也说新价格可以1月1号生效。你非得逼着供应商提前一个月开始使用新价格，弄得"鸡飞狗跳"！更关键的是，要轮岗了，这个物料品类你很快就不管了！将来成本节省的绩效也不是你的，为啥还要这么做呢？客户何苦这么为难供应商呢？

A公司采购说："这关乎我个人的声誉。"在A公司里，每一个采购轮岗到下一个岗位，不是自然而然发生的，而是取决于人家愿不愿意要你！公司没有规定这个采购轮岗到下一个岗位，人家必须接收你。相反，人家可以根据需要，自由地选择你或者他。

暂时不考虑其他的客观因素，这里体现了这种员工是"被需要的"。

B公司来了一位新员工，负责公司层面的一些战略项目。当时这是一个80后的小伙子，年轻人，出身"名门"——来自一家全球著名的咨询公司。他容易相处、思路清晰、做事麻利、不带偏见（当然，这跟他新人的身份有一定关系）。他的超强执行力让项目快速推进、落地。具体表现是：在明确项目后，他会依据4W2H方法迅速将项目分解成子项目，并制作甘特图时间线。然后依据这个时间线跟进每个子项目的负责人及时更新，从不松懈。

因为这样的特质，他成了公司的"香饽饽"，但凡有什么项目，大家总想拉着他一起。因为大家都觉得只要他加入，这个项目的成功就有了很大的把握。

这位员工是"被需要的"。

在阿里巴巴，有一位编号116的员工，她曾两次尝试应聘公司的行政助理职位。由于缺乏专业知识和背景，她在第一次面试中未能成功。尽管第二次面试顺利通过，但她却被安排到前台接待岗位。

刚开始，由于对业务不熟悉，她经常与同事发生摩擦。这种困境让她一度想要辞职。然而，在决定留下来后，她下定决心，要将自己看似平凡的前台接待工作做到极致。很快，她成了阿里巴巴"被需要的人"。

她主动整理了沪杭铁路的所有车次时间表，为常去上海出差的同事提供方便，让他们可以根据自己的时间选择车次。她还会在业余时间学习公司业务，以便在接到客户电话时，能够直接解答客户的问题，提升公司专业形象。在面对承办"西湖论剑"活动的挑战时，她克服了家庭和工作的压力，将活动举办得非常成功，赢得了马云的赞誉。

她始终站在公司的角度,捍卫公司价值观。她逐渐成长为一位出色的管理者,后来担任菜鸟COO。

H公司曾因清退34岁以上员工的事件引发舆论关注。该公司表示,要裁减的是34岁以上、主要在中国的运营维护人员,因为他们的工作大部分会被自动化软件取代。H公司创始人曾表示:"30多岁正值壮年,不努力,只想躺在床上数钱,可能吗?"这批员工成为不被需要的人,原因可能是态度,也可能是业绩,但归根结底是因为价值。

这句话揭示了一个残酷的现实:当你失去公司眼中的价值时,你就不再被需要。绩效管理和绩效工具并非仅是HR或领导的职责,而是关乎个人声誉的事情。你是否受欢迎、是否被需要,都取决于你的价值。公司里,你是否被业务部门需要,是否创造了业绩,大家一目了然。

同事是否愿意与你共事,取决于你是否敢于承担责任、是否愿意动脑筋帮助他们解决问题。如果他们看到你时心生疑虑,觉得还是自己解决问题更好,那么你就失去了价值。

除了绩效考核分数,大家心里都有一杆秤。在平时的工作中,他们会思考谁才是值得合作的伙伴,谁能帮助他们。因此,"被需要"的本质是成为一个对他人有价值的人。让我们一起努力,提升自己的价值吧!

职场心理学：人际互动模式

人际互动模式，即个体在社交场合中所展现的行为和态度的总体。这些表现涵盖了个体对他人的关注、支持、理解以及合作等层面，直接影响个体与他人互动的效果。

要在职场中成为一个有价值、被需要的人，我们可以从以下几个方面运用人际互动模式：

建立良好的人际关系。通过积极主动地与同事、上司、客户等建立联系，展现良好的沟通和合作能力，以及对他人的支持和理解，可以更快地获得认可和信任。

提供有效的支持和帮助。运用个人的专业技能和经验，协助同事完成任务或为团队提供有益的建议，从而提高自身的竞争力和影响力。

保持积极乐观的态度。展现热情和活力，积极参与团队合作和社交活动，以促进团队凝聚力和发展。

掌握良好的沟通技巧。运用有效的信息交流和沟通技巧，如倾听、表达和询问等，以便更好地与他人沟通和协商，更快地获得认可和理解。

如何做好绩效管理？

京东在某一年的开年大会上宣布，副总裁以上高管将实行末位淘汰 10% 的制度。这种公开宣布末位淘汰高管的举措，在民企中实属罕见，在欧美管理体系中更是极为少见。对于公开宣布末位淘汰高管这一做法，究竟是利大于弊，还是弊大于利？我在社交媒体上发起了这个话题，引发了大家热烈的讨论，留言多达 200 多条。

有人认为，末位淘汰这种绩效评估方式早就该被淘汰，因为它严重影响员工士气，并存在偏见和歧视的可能。微软很多年前就放弃了这种评估方式。也有人表示，末位淘汰应基于公平公正的考核标准，但企业不同的部门、职能以及相应不同的指标，使得这种机制很难做到公平公正。再加上员工之间的管理理念、行事原则、工作方式、文化习惯等不同，以及关系亲疏、考评时主观性等干扰因素，这种曾经炒得不错的考核制度是否能真正实现公平公正，还有待观察。还有人认为，实行末位淘汰，可以让员工更有斗志，给年轻人一个机会，也许能让公司换一个新的管理体制和文化。然而，如何区分"狼"和"小白兔"？比如阿里巴巴做云计算的王坚，在头概率没有出成绩时，是否应该被视为"小白兔"而被淘汰？但是，时间一长，这个像"小白兔"的人可能成为"老虎"。

末位淘汰是否应该实行，是个见仁见智的问题。能否成功，除了公司文化和政治等因素外有两个着眼点：一是考核机制，一是如何执行。考核机制是否能做到公平、公正、公开、透明？如何执行？就像《财富》杂志调查的结果显示的，70%的CEO被迫离职不是因为战略制定得不好，而是因为执行问题没有把战略落地。所以有了"三公一透"的考核机制，执行落地就是关键了。

在绩效管理方面，除了考核绩效之外，大多数公司还会考核文化和价值观契合度，领导力等指标，一般占20%～30%的权重不等。因此，在实行末位淘汰时，需要考虑如何做好绩效管理。

华为的人力资源价值链设计是：价值创造→价值评价→价值分配。我们可以借用这三个步骤来说明如何做好绩效管理。

价值创造的核心是人岗匹配。人岗匹配是双向的：人适合这个岗，岗适合这个人。只有让专业的人做专业的事，才能充分发挥人才的优势，发掘人才的潜力，实现价值创造的最大化。

比如,你不能安排一个订单跟单员马上去做战略寻源或者供应商管理,你也不能安排一个战略采购去做供应商质量管理,反之亦然。当然经过理论培训和在岗实践后是可以的,但是这需要时间。

再比如对于项目管理,要让懂行的人做决策而不是让职位高的人做决策。让不懂行但是职位高的做决策有什么弊端呢?一个字:拖。因为他不懂,所以不知道该做什么决定,但是又怕别人看出来自己不懂。所以索性暂时推到一边,时间一长项目下马了。

人岗匹配做得好就可以充分利用人才优势,发掘人才潜力,最大化价值创造。

价值评价的核心是考核制度。考核制度最基本的元素是规则、指标、标准和等级。规则可以是定性的,如公平、公正、公开、透明;也可以是定量的,如一年考核一次,或每季度考核一次。指标大多是定性的,如对于采购来说,年度指标一般包括成本节省、交付准确率、质量不良率、付款周期、合同覆盖率以及一些具体项目等等。标准基本都是定量的,如年度成本节省目标是5%,交付准确率98%,质量不良率低于 1 000 DPPM(百万分之不良)等等。等级基本都是定量的,如年度成本节省目标5%的等级设定可以如下:

A+：≥ 6.5%

A：≥ 5.5%

B：≥ 5%

C：≥ 3.5%

D：< 3.5%

在制定考核制度和标准时，需要考虑定量的元素，如标准和等级。同时，要确保这些标准和等级能够量化，以便于对员工进行考核。如果标准和等级不能被量化，那么如何考核员工呢？这是一个值得深思的问题。

价值分配的核心是制度落地。制度落地的关键是让已经制定好的分配制度在尽可能没有人为干预的情况下落地执行。制度的标准是不让雷锋吃亏，比如年终奖更多向高绩效员工倾斜。落地的标准是不打折扣，不人浮于事。不打折扣是制度要100%遵照执行。不人浮于事的本质是没有人为干预。

最后想说的是，无论是经典的KPI（关键绩效指标），还是谷歌的OKR（目标与关键成果法），实质上都只是一个管理工具。重要的不是它给了你一个什么样的思想或者模板，而是如何正确地设计和应用。

职场心理学：期待效应

在职场中，期望效应体现为员工对自己或他人工作表现的预期，这种预期对他们的行为和最终成果产生显著影响。简言之，人们的行为和表现往往受到他们对某些结果的期望所引导，进而影响这些结果的实际发生。

在绩效管理领域，期望效应具体表现为上级对下级的工作期望所产生的影响，以及下级对上级期望的回应。研究发现，上级对下级较高的期望值通常能够激励下属提升工作表现，反之亦然。例如，当下级达到或超越上级的期望，顺利完成工作任务并赢得信任和赞扬时，他们不仅会增强自信，也会倍感动力，从而进一步提高工作表现。同样，当下级对上级的期望得到满足，如获得理想的岗位、角色或绩效评价时，员工会感受到被理解与认可，这也会有效激发他们的工作热情和动力。

带人之后总觉得时间不够用，怎么办？

很多人在做了管理者之后，工作范围变大了，责任变多了，整天文山会海，发现自己的时间越来越不够用了。于是总想着通过管理时间来改变现状。

不过很遗憾，时间是不能被管理的。因为从定量的角度，造物主很公平地分配给我们每个人一天24小时，你不多一分，我不少一秒。从定性的角度，无论你选择如何度过这24小时，逝者如斯夫，它都会按照固有的节奏度过。无论你是把时钟调快10分钟还是调慢10分钟。

既然时间是无法管理的，那么为什么有些人在相同的时间段里，比如在同样的一年里，可以做很多事情，而有的人连个人年度计划的一半项目都没有完成？想象一下下面的情景。

情景一

你正在写一篇文章，需要在网上找一些素材。突然收到朋友的一条信息，就顺手回了。然后开始搜索你需要的文章，一时没找到，你就顺便读了几篇其他文章，看了看朋友圈，刷了几条视频……你看！本来只是想找一篇文章，结果最后一番操作下来，不知不觉已经过去了一个多小时；

情景二

你正准备做计划中的事，一个下属敲门想请你帮忙解决一个棘手的问题，或者一个同事过来想请你临时帮个忙，或者领导召集一个紧急会议……结果是你计划中要做的事被一拖再拖，你发现你的时间总是被别人左右。

情景三

为了管理好时间，你学习了很多方法。什么番茄工作法，GTD：Get Things Done。诸如四象限的工具也掌握了不少。不过你的拖延症还是没有被治愈。心中永恒的旋律是《如果还有明天》+《向天再借五百年》。

上述的种种问题都是因"我"而起，是"我"做事不聚焦；是"我"不懂得拒绝；是"我"无法按时开始，无法按时完成。所以我说：管理时间的本质是管理自己。关于如何管理自己，我有如下三个建议。

建议一：**断舍离**。学会拒绝，这是成熟的体现。作为管理者，对于下属想"瓜分"你的时间这件事，你必须第一时间说不，因为你的时间你做主。

建议二：**聚焦，保持正念**。在一段时间内，尽量只集中做一件事，能从一而终是最好的。因为人类的大脑其实并不善于多任务处理。

聚焦的一个工具是正念。什么是正念？简单地说就是活在当下，专注此刻。它决定了你做事情是否能够从一而终，是否有效率，是否能够不断迭代。

能不能从一而终？想想看，不管是工作中还是生活中，很多时候你做一件事情的过程中都有可能被打断。根据调查，有65%的人就此放下了正在做的事，虽然这件事情没有做完。

是不是有效率？当你被打断的时候，你的思路就不在这件事情上了。这样当然没效率，是一种消耗。

能不能持续迭代？这取决于你是不是有一个良好的习惯，比如说复盘，而且是高质量的复盘。

建议三：**拒绝拖延，提高效率**。最大限度地克服拖延症。一方面，很多事情如果没有立刻做，等到想做的时候，小问题变成了大问题，小病变成了大病，你就不得不花费更多的时间、精力甚至金钱来搞定它，这个是得不偿失的。

另一方面，计划赶不上变化，有大致的方向就可以了，因为没有完美无缺的计划。马上行动，从错误和失败中得到教训和经验，不断更新迭代，自我调整，这才能进步。**失败并不可怕，无视失败，逃避失败才可怕。我们一生所做的事，大都是在试错。行动起来，从自己的经历中分析找到原因，建立属于自己的人生算法，才能加快成长的进程。**

最后，有5个提高自己的小贴士：

1. 不要为做一件事设定先决条件,比如读书一定要去图书馆,健身一定要去健身房。

2. 提升对时间的敏感度,推荐柳比歇夫的时间统计法。一方面可以更好地预估各项事务花费的时间,另一方面可以持续寻找优化的机会。

3. 精力管理在现代社会很重要,保持健康的体魄更重要。

4. 不要轻易放过自己,要对自己狠一点。尤其是男人。

5. Don't cry over spilt milk. Let it go. 学会让往事随风。

职场心理学:自我反思

自我反思,是一个审视和评估自己过去经历、行为和思维的过程。通过自我反思,我们可以更清晰地认识自己的优点和不足,需求和价值观,并发现需要改进和提高的领域。

在时间管理方面,自我反思能帮助我们更好地了解时间利用状况和效率,针对问题进行调整和优化。具体应用包括:定期回顾日程安排,深入了解时间利用情况,找出浪费时间的部分,分析原因,如缺乏动力、拖延等,然后采取措施提高时间利用效率。

通过自我反思,评估任务完成效率和品质,发现问题与不足。据此制定更有效的计划,提升任务完成质量。

什么样的领导是值得追随的？

近期，我与几位职场学员进行了交流，探讨了如何在职场中实现有效沟通。在谈话中，我们都不约而同地提到了一个话题：如何与上司相处？在几个案例中，上司的表现让我为当事人感到担忧。这让我思考了另一个问题：什么样的上司值得追随？

以下是我根据实际经验和个人体会总结出的一些建议，仅供参考，请不要对号入座。

一、共同的价值观。

我们要了解的三观是：世界观、人生观和价值观。

世界观是人们对世界和宇宙的看法和理解，它涉及对自然、文化、社会等方面的认知和理解，是一个人思想意识的基础。例如，你是否相信人定胜天？神灵是否主宰一切？如果上司信奉基督教，而你坚持无神论，这就意味着世界观不和。

人生观是人们对生命和生活的看法和态度，它涉及对人生目标、意义、价值等方面的认知和态度，是一个人生命意义的核心。例如,你如何看待自己的人生?如果上司是自律改变的楷模,而你只想浑浑噩噩地过日子,这就意味着人生观不和。

价值观是人们对事物的重视程度和评价标准,它涉及对道德、伦理、文化等方面的认知和态度,是一个人行为和决策的基础。例如,你认为什么是最珍贵的?哪些方面是不能逾越的?如果上司认为正直诚信是底线,而你却认为差不多就行了,这就意味着价值观不和。

当世界观、人生观和价值观不合时,你们之间的沟通将变得困难,难以达成共识。

二、具备远见。

优秀的上司应具备战略思维,能够独具慧眼,发现未来的趋势和当下的机会,选择具有远大前途的事业方向和模式,打造出竞争优势强大的公司事业平台和部门事业平台。

这样的平台既能创造出超越竞争对手并达到用户期待的价值,又可以为员工提供优于其他公司的职业发展成功机会。

三、真诚坦率。

据说职场里有一个共识:当上司们聚在一起开小会的时候,基本是在酝酿一些不好的事情。这主要是因为上司们缺乏真诚沟通,言而无信,甚至朝令夕改。例如,承诺的绩效奖金不能兑现,承诺的升迁机会化为乌有等。

而真诚坦率的上司信守承诺,敢作敢当,有任何问题都会在适当的场合提出,绝不会背后捅刀子。这样的上司能够做到言行一致,绝不虚伪处世。跟随这样的上司,你的职业修养和职业道德都会得到很大提升。

四、勇于担当。

优秀的上司是与团队共存亡的,有了功劳与大家分享,有了惊天炸雷,先一人承担。我曾经在一家公司工作的时候,绩效考评规定:部门主管的考评绩效不能高于部门的绩效。这就在很大程度上保证了领导要敢于承担,敢于抗雷,来者不拒,砥砺前行!

五、以身作则。

管理者要想管好下属必须以身作则,做到"己所不欲,勿施于人"。示范的力量是惊人的。一旦通过表率树立起在员工中的威望,将会上下同心,大大提高团队的整体战斗力。得人心者得天下,做下属敬佩的领导将使管理事半功倍。

六、关注员工。

关注员工有三个层面:

第一个层面是既授人以鱼,又授人以渔。授人以鱼是在危难时刻挺身而出,快速解决问题。授人以渔则是为了着眼未来,让员工有"世界很大,我可以去看看的本领"。

第二个层面是适当授权,适度放权。这类上司的工作方式是抓大放小,强化过程控制。跟随这样的上司,你能够很快得到能力上的提升,并且工作部门很能放开手脚。同时,这类上司又不会随意授权,而是在适当的时候进行过程监控，保证任务的顺利完成。

第三个层面是赋能员工。赋能员工的核心不是只给你工具，而是用群策群力的方式，激发和整合整个团队的智慧来设计未来业务、推动组织变革，并解决业务开展和扩张过程中的各种问题。

如果非要加上一个不带权重的数量化标准的话，上述每个要素1分。

总分低于3分，可以开始思考下一步了，能多快就多快；总分3～4分，优秀的领导者。学习、追随3年左右没有问题。总分5～6分，卓越的领导者。学习、追随5年以上，甚至奉为终生楷模。

职场心理学：自我管理

自我管理，是个人在生活和工作中有意识地调节和控制自己的情绪、行为、思考方式等的过程。它涵盖了自我监控、自我评估和自我调整等方面，是培养领导力的重要组成部分。

以应对困难和挫折为例，我们可以通过自我监控和情绪调节来减轻负面情绪，保持积极心态。此外，设定目标、规划行动并进行自我激励，也有助于提高执行力和动力。通过这些方法，我们能更好地发挥领导力，为组织和团队创造更多价值。

如何"领导"上司一起完成一个项目?

一家公司计划部署一个企业资源规划系统(ERP)。CEO邀请IT部门负责此项目。IT部门负责人K先生迅速组建了项目团队,并将CEO和各部门高管纳入其中。因为这个项目不仅仅属于IT部门,而是涉及整个公司的级别。每个部门都需要确保项目实施,包括CEO。

在项目执行过程中,K先生始终"引导"CEO参与其中,例如协助他在公司层面进行项目宣传,说服总公司批准预算,以及听取各咨询公司的实施方案并协助做出决策等。

为什么下属能"引导"上司参与项目呢?

大多数情况下,上司并不具备全才能力。他们不可能精通所有行业。

以IT项目为例,除了IT部门的员工,包括大领导在内的大多数人都不了解这个领域。因此,他们很难牵头领导项目开展,但可以作为资源被"引导",以便完成公司级别的项目和目标。机会就这样出现了。

在华为等公司，实行"项目经理负责制"。简单地说，无论你的职级是什么，官有多大，一旦你加入这个项目（主动或被动），你都必须听从项目经理的安排。这样做的好处是让专业的人做专业的事，而不是由职位决定。

那么，在实际执行过程中，如何"引导"上司协助完成项目呢？

我总结了20个字：**目标要清晰，分工够明确，进度常汇报，结果早分享。**

首先，目标要清晰。上司必须清楚地了解项目的目的、目标、预算、时间表以及所需投入的资源等，才能放心地授权并听从你的领导。例如，如果设定的目标与大领导期望的不一致，项目可能难以获得批准。

其次，分工要明确。需要确定上司在项目中扮演的角色以及大致的时间节点等。这些都需要提前规划好，给大领导预期，并管理好上层的期望。通常来说，项目初期领导可以协助你影响其他人接受项目，项目中期可以协助你就一些重大事项做出判断和决策，项目后期可以督促各单位全力以赴完成项目。

第三，进度要常汇报。当上司充分授权你之后，最忌讳的就是项目在他看来成了黑盒子，例如不知道进度、顺利与否、是否存在风险、大家是否配合等。因此，需要经常向上司汇报项目的进展情况。

最后，结果要早分享。上司通常关注结果，因此他们很关心项目的成果，即使是阶段性的成果，也应该第一时间向上司汇报。

以部署企业资源规划系统项目为例，看看 IT 负责人是如何实施的：

目标要清晰。与 CEO 讨论清楚公司层面的目标。通过问卷调查收集各职能部门的目标，并经过整理后由各部门负责人再次确认。

分工要明确。上司需要争取和提供项目实施所需的资源，包括人力、物力、财力、时间等，并参与项目重大事件和节点的决策。

进度常汇报。每周提供周报，每月组织正式会议汇报进展情况、下一步工作重点、遇到的挑战以及需要的支持和帮助等。

结果早分享。第一时间通报阶段性成果，让上司和团队既有成就感，也有紧迫感。

职场心理学：显要感

"显要感"这个概念是我首次阅读卡内基的《人性的弱点》学习到的。书中提到，人类天性中最深层的冲动就是"显要感"。

什么是显要感？我的理解是展现自尊、自信、自我认可、权利、能力以及与众不同的混合体。简单来说，就是"我与众不同"。这种显要感被视为人类天性中最深层的冲动，因为在远古时代，只有充分展示自己的能力和实力，才能得到同伴的认可，从而提高生存和繁衍的机会。

在与上司的交往中，理解和满足他们的显要感是关键。这可以通过一些常见的做法来实现，如在与上司交流时，始终保持尊重和礼貌，使用适当的称谓，主动请教问题，重视并考虑采纳他们的意见和建议，以及在成就面前，让上司居功。这些做法都能增强上司的显要感，使他们更愿意帮助你完成更大的项目，实现双赢。

女性领导如何发挥女性魅力?

"你潇洒我漂亮",这句来自韩宝仪经典老歌的歌词,可谓直击心灵。30多年过去了,这句话依然适用。此外,"英雄难过美人关",也说明女性的美貌对于男性来说是一种影响力。

除了美貌,女性魅力还包括哪些方面呢?

传统上看,男性阳刚,女性阴柔;男性理性,女性感性;男性粗枝大叶,女性注重细节;男性通常较为木讷,女性则通常有情调;男性更喜欢支配他人,女性则更善于影响他人;男性在做事时周密安排,计划先行,而女性则更随性,开心就好。

那么,作为女性领导者,如何发挥女性魅力而使之成为影响力呢?

有一部经典的老电影《实习生》(2015年首映),其中的女主角是安妮·海瑟薇,男主角是罗伯特·德尼罗。在这部电影中,女主角朱利安是一家创业公司的CEO,她将女性的魅力表现得淋漓尽致。

朱利安在遭遇困境时会表现出女性柔弱和多愁善感的一面,这让男性产生保护欲,想要伸出援手。她在开心时会掩饰不住心中的喜悦,不仅喜怒形于色,而且会大声说出来。在工作中,她严肃认真,一丝不苟,既保持独立,又追求极致,有时候还有点"咄咄逼人"。在生活中,她乐观开朗,积极向上,似乎没有什么能够难倒她。

然而,即使是这样,朱利安仍然遭遇了职业发展和家庭和睦的双重危机,这与她展现的女性魅力有关。其实,**再有女性魅力的领导者在真实世界职场里的竞争中也一直处于相对劣势**。这一方面是因为人们固有的观念。

组织心理学家蒂娜·基弗,曾在她的工作坊中要求高管学员们给"领导者"画像。结果发现,不管男性还是女性学员画的几乎都是男性领导者。她说,

"即使画中人的性别特征并不明显(这并不常见),大多数人也还是会使用表示男性(他)而非中性或女性的语言来描述这幅画。"

早就有调研显示,现代商务女性在领导力方面并不亚于男性,但同时,大量的实验和研究也表明,人们更偏爱男性领导者。

另一方面,女性魅力也可能惹祸。某些魅力没有控制好度,或者表现不得当而帮了倒忙,比如,人们普遍认为女性

领导者在关注细节、右脑思维、内心柔软、随性而动,这些女性魅力有时候会"坏事"。

为了避免因为女性魅力而产生职业危机,女性领导者可以考虑以下几点:

关注细节同时也纵观全局。朱利安很关注细节,她甚至亲自做起了客服,通过接听客户电话来了解客户的反馈,寻找不断提高的突破点。同时,她也有全局观,能够从大局出发考虑问题。

右脑思维但是不感情用事。朱利安具有丰富的想象力和创造力,但她不会让情绪影响到工作。情绪的稳定性是她的一个亮点。

内心柔软但是不优柔寡断。朱利安的内心柔软,这从她的举手投足间就能看出来。但她做起决定来绝不拖泥带水,即使偶尔的犹豫也只是一闪而过。

随性而动但是不过于敏感。朱利安更关注事情,而不是过于关注人。所以初次见到本的时候,她直截了当地说:"和我一起工作可不容易啊!"这句话的言外之意是:我知道你是一位年长者,但是我是以结果为导向,就事论事。

职场心理学:自我意识

自我意识,即人对自身的认知和理解,包括内在世界的情感、价值观、信念和动机,以及外在世界的行为、外貌和人际关系。

在职场中,女性领导者常常面临各种挑战,如性别歧视、压力和社交期望等。通过增强自我意识,女性领导者可以更深入地了解自身的优势和挑战,从而更好地应对这些挑战,提升领导力。以下是一些具体的方法:

突出自己的独特性和贡献,利用自身的优势,如细心、耐心和良好的沟通协调能力。了解自身的优势和挑战,能帮助女性领导者更有效地应对工作中的困难,提升领导力和影响力。

明确自己的价值观和信念,并将其融入工作。了解内心的需求和目标,能让女性领导者更好地发挥领导力和影响力,提高工作效率和成果。

学会自我管理,包括情绪管理、时间管理和压力管理。了解自己的情感状态和行为习惯,有助于女性领导者更好地处理工作中的挑战和冲突,提高工作效率和成果。

寻求反馈和支持,包括从同事、下属和上司那里获得正面和负面的反馈。积极接受反馈和支持,能让女性领导者了解自己在工作中的表现和声誉,并采取措施进行改进和提升。

如何在工作中创新?

什么是创新?

1901年夏天,纽约地区湿热,布鲁克林区的萨克特·威廉斯印刷出版公司因此遭受生产困扰。印刷公司求助布法罗锻冶公司,希望能解决空气温度和湿度问题。

布法罗锻冶公司将任务交给年轻工程师卡里尔,他后来成为"空调之父"。卡里尔想到,如果用冷水代替蒸汽,让空气经过水冷盘管,那么周围环境就会变凉爽。潮湿空气中的水分冷凝成水珠,滴落后剩下的就是更冷、更干燥的空气。基于这个设想,卡里尔在1902年7月17日为萨克特·威廉斯印刷出版公司安装了自己设计的设备,取得了良好效果。这样,世界上第一台空气调节系统(简称空调)诞生了。值得一提的是,空调最初的20年里,主要服务于印刷厂和纺织厂,受益者是机器而非人。

那么,卡里尔发明空调后,将其应用于日常生活是否算作创新呢?

"创新"一词起源于拉丁语,有三层含义:

第一,更新;

第二,创造新的东西;

第三,改变。

对我而言,满足任何一层含义都应该被视为创新。

在工作中如何创新呢?

一、突破固有思维。人一旦养成习惯,掉入思维的固有模式,很容易失去改变的动力。非常喜欢凯文·史派西在一部电影中饰演的教师让学生站到课桌上,试一下有什么不同的实践。行动上换位非常难。再比如,工作的时候一定要坐着吗?于是现在有很多人站着工作。这就是一种创新。

二、充满激情地去发现和挖掘可以优化的机会。我一直认为:创新是需要激情的,无论是工作上的还是生活中的。当充满激情的时候,你的思维更加敏锐,眼睛更加明亮,更善于发现创新的机会。而且,创新的机会就存在于已有的事物中,所以很多时候,你并不需要重新发明轮子。

比如,"让天下没有难做的生意"的阿里巴巴就是发现了传统实体店的种种不便,以及各地物产交互的无限商机,才有了充满生机的淘宝模式。

三、贴近客户,深挖需求,倒逼自己。比如超级物种的创新之处就是将超市、餐厅和体验结合在一起。这背后的推动力是来自客户对于双向互动的需求。

工作中可以实施的 10 种创新方法

站着开会。站立时,你的能量会改变,进而影响会议的活力。尝试站着开会,以提升动力、热情和行动力。

让灵感环绕你。将引起你注意的有趣事物展示出来,如精彩广告、特别菜单或者让你发笑的电子邮件。越刺激,越好!

找个好友。创新很少发生在真空中。选择一个你感到满意的同事,互相鼓励尝试新事物,分享想法和头脑风暴。

选择小型项目。不必总是追求大的、变革性的想法。小巧新颖的事物累积起来也能带来巨大改变。尝试改变一些小事物,如签署电子邮件、奖励自己以更好地工作或启动会议的方式。

反转假设。我们常做一些不经思考的事情。在一天中,找出这些事情,思考如何以不同方式完成它们。这可能会让你找到处理旧事物的新方法。

将想法付诸实践。将想法变成文字、图片,甚至原型样品。这样人们更可能记住并认真对待你的想法,参与其中。

设定限制。限制条件和参数实际上可以激发创新。尝试禁止一些事物,如单词、资源或默认通信工具,观察创造力如何飙升。

我看过的一个例子是：面试官要求面试者只能用不多于30个字来写他们的简历。结果一个面试者最后只用了3个字，因为简历的主体部分是以图画的方式呈现的。最后他被录取了。

离开办公室。养成走出门外的习惯，注意周围事物。如果需要灵感，可以玩游戏，寻找以特定字母开始的事物。这有助于连接你在办公室留下的问题。《乔布斯传》里就特别提到，乔布斯很喜欢散步。通常想找别人谈话时，就一起散步。在思考重大问题的时候，他自己也会经常出去散步。

提高创造力。早晨起床后，不要急于查看手机，而是选择喜欢的歌曲、播客或博客来激发想象力。这将有助于提高你整天的态度和创造力。

借鉴英雄。遇到问题时，参考你最喜欢的创意团队，思考他们可能如何解决问题。

这些方法可能看似微不足道，但它们会迫使你以新的方式看待世界，发现机会。不断练习，让创新成为你日常工作的一部分。

职场心理学：逆向思考

逆向思考，作为一种打破常规的思考方式，通过翻转问题、反向探索，以及寻求对立的解决方案等策略，为我

们提供了一种跳出传统框架,激发创新灵感的方法。在职场上,这种思维方式能够帮助员工突破思维定势,开启更多可能性:

打破传统思维界限,激发创新想法。逆向思维鼓励员工不拘泥于传统做法,从而有助于培育出具有创造力的新思路和新策略,为组织创新提供动力。

透视问题本质,实现根本性解决。通过逆向思考,员工能够深入挖掘问题根源,避免仅仅停留在表面处理,从而实现更为彻底地解决。

突破创新障碍。逆向思维有助于识别并克服先入为主的观念、限制性思维等创新阻碍,为创新提供清晰路径。

开拓新机遇。运用逆向思维,员工能够发现市场空缺、潜在需求和新营销策略等,为组织探索新商业模式和利润增长点,增强竞争力。

提升创新意识。逆向思维鼓励员工主动关注潜在问题和机遇,培养他们寻求创新解决方案的能力,进而塑造以创新为核心的企业文化。

优秀员工提出离职,怎么办?

想象一下,你团队里的一位优秀员工突然提出了离职,你会怎么做?立即冲过去挽留他,劝他改变主意?实际上,我并不建议你这么做。

L 是一家科技公司的员工,已经在公司工作了五年。在这五年里,他的表现一直非常出色,几乎每年的业绩都是 A。他勤奋、细心,且总能在项目中发挥出色,赢得了同事和领导们的高度评价。

然而,最近几个月,L 对自己的职业生涯产生了一些困惑。他感到自己的工作陷入了瓶颈,学习进步的速度放缓,也没有新的挑战和机会。因此,他开始在外面寻找其他机会。

不久后,L 向公司提交了离职申请,这引起了领导的高度关注。他非常担心失去这个优秀的员工,因此他立即与 L 展开了多次交流,试图挽留他,并且承诺公司会提供更好的培训和晋升机会,更好的薪酬待遇。同时,领导也邀请 L

参加公司的重要会议和商务活动，以便让他更好地了解公司的战略和未来发展方向。

经过多次交流，L最终决定留下来。他相信公司可以提供更好的发展机会，并且也感激领导的关心和支持。然而，没过多久，L还是离开了。

那么，为什么我不建议你在优秀员工提出离职时立即挽留呢？因为能够被劝阻的离职可能并非真正的离职，而只是员工有其他诉求。突然提出离职可能只是一种手段。

如果一个人足够成熟，他是不会轻易提出离职的。而如果他正式提出了离职，那么大多数情况下也就无法挽回了。尤其是在某些情况下，挽留员工真的不是最佳选择。例如，如果员工已经决定前往其他公司，或者对于公司的文化和发展方向已经产生了深刻的不满，那么挽留员工可能只会延长这个问题的存在时间，也可能会对员工和公司的关系造成更大的伤害。

所以，当优秀员工提出离职时，首先应该尊重他们的决定，并根据实际情况进行评估和决策，然后与他们进行开诚布公的沟通。在沟通中，了解员工为什么要离职，以及员工是否愿意留下来，如果不愿意留下来，可否协商一些条件来让员工改变决定等等。

如果员工离开是由于公司确实存在问题，如缺乏发展机会、管理制度不完善等，则应该采取措施加以改进，以便留住更多的优秀人才。

当然，还有一种情况，出于一些客观上的考虑，比如，因为不能后备员工，导致公司会因为他的离开付出很大的代价等等。在这种情况下，你确实很想挽留他，应该怎么办？

我建议采取三步策略。

第一步，立即安抚。这样做的目的是避免员工出于一时冲动而离职。同时，立即安抚能让这位员工感受到他很重要，是被重视的。每个人都希望自己是有价值的，是被需要的。优秀员工尤其如此。

第二步，找到根源。有句话说得好，员工离职无非两个原因，一是钱给少了，二是心受委屈了。要想对症下药，必须先找到根源。否则的话治标不治本，搞不好弄巧成拙。

第三步，真诚沟通。找到了根源，就要去真诚地沟通。这个时候，如果善用共情和同理心等心理学工具，能够站在对方的角度去考虑问题显得尤为重要。

最后，如果经历了这三步，员工还是执意要走，那就由他去吧。你无法叫醒一个装睡的人，同样的，你也没办法挽留住一个去意已决的员工。与其人在曹营心在汉，不如好聚好散！否则，即使最后挽留下来，也不一定能待得久，同时可能阻碍了员工个人的职业发展，并可能对公司的企业文化和团队士气产生负面影响。

职场心理学：情绪调节

情绪调节，就是通过自我控制或其他方式，管理和调整我们的情感状态。在职场中，员工的突然离职可能会引发情绪波动和心理压力。面对这种情况，我们可以采取以下策略进行情绪调节。

一、探知员工情绪。及时与员工沟通，了解他们离职的原因和情绪状态。了解员工的问题和需求，有助于企业更好地满足员工需求，采取相应措施。

二、提供支持与鼓励。对离职员工表达感激，并提供必要的支持和帮助。通过鼓励，帮助员工走出情绪困境，重新找到职业方向。

三、提供资源与信息。为员工提供相关资源和信息，如培训、网络资源、职业转型计划等，助力员工在未来的职业生涯中更好地发展。

四、表达感激与表扬。通过感激和表扬，传递公司价值观和文化，让员工了解他们对公司的贡献。

通过这些策略，如了解员工情绪、提供支持与鼓励、提供资源与信息、表达感激与表扬等，可以帮助员工缓解情绪波动，更好地适应未来职业发展。这些方法有助于平衡情绪波动，减轻负面影响，使员工离职过程更加平稳和积极。

如何打进公司核心小圈子？

人以群分，物以类聚。让我们从一个故事开始。

有一天，一群资产过亿的投资人在招商会上洽谈生意，结束后，几位投资圈的大佬提议去喝酒唱歌。很快，一群人响应。这时，一个"煤老板"（身家也是几千万）大大咧咧地问："我能去吗？"一个"大佬"上下打量了他一下，笑着说："你一个靠倒腾煤发家的，跟我们这群玩上亿投资的人能混到一块儿吗？！"大家听后哄堂大笑。

我有一个朋友老王，是个连续成功的创业者。有一天，他给我打电话说他跟一个朋友聊天后更加顿悟了。

"能让你顿悟的人可不多，你们聊了什么？"我很好奇。

"我们一共聊了58分钟"，他说。

"为什么这么有零有整啊"，我不解。

"这就是关键所在，"他继续说，"人家的时间都是事先规划好的。跟我只聊58分钟。休息2分钟后，她的下一场对话就开始了。她每天都会制定计划并且严格执行。无用的社交跟她没有关系"。

"她怎么判断和拒绝无用社交？"我更好奇了。

"她不结交圈子外的人。举个例子，她圈子里的朋友除了大公司 C 位的管理者，就是企业具有一定规模的创始人或者投资人。她平时的社交基本都是跟这些人在一起。哪怕是要消磨时间，她也是跟这些人在一起。所以她能高度聚焦地利用时间。别人想进入这个圈子恐怕是要经过推荐才可以。她管理时间和社交的理念是我们这次谈话我最大的收获"。老王依然掩饰不住兴奋。

这两个故事让我们看到，不同圈子的人很难玩到一块。为什么会有这种现象呢？可能是因为没有化学反应，可能只是远远地看了一眼，就发现互相看着都不太顺眼。人与人之间的第一印象，更多靠的是感性。大多数时候只要一个回合就够了。如果不幸"翻车"了，后期有扳回来的机会吗？有，但是需要很多很多加倍的努力才有希望。

三观不合也是原因之一。你认为世界是平的，他认为南辕北辙也可以到达胜利的彼岸。你觉得没有规矩不成方圆，他信奉无政府主义才是沧桑正道。你是坚定的无神论者，他觉得冥冥天注定，世间有轮回。这些观念的差异使得不同阶层的人很难沟通，更不要说进入彼此的核心圈了。

那么，如何才能进入公司的核心小圈子呢？试试以下CPE三部曲。

C部曲：Chemistry（品味相近，气味相投）。

首先拿到敲门砖。想进入小圈子，就得先了解小圈子里的人的喜好厌恶和行事风格。然后尽量去适应和同化。第一次见面，能不能聊到一起去，就是这个Chemistry决定的。

P部曲：Performance（能力至上，业绩为王）。

安全度过试用期。这里的能力是指核心小圈子里的人认可的能力，尤其是大领导认可的能力。大多数领导都是以业绩为导向的。所以你的能力加上你的业绩将让你顺利通过试用期。

E部曲：Emotion（情感投入，不断增强）。

将小圈子进行到底。除了能力和业绩，情感投入也很重要。在公共场合，他会想尽办法给足领导面子。举个例子，每次商务聚餐之后，他都会把领导一路送到车里面。就差跟着车跑上一段了。私人场合，不仅逢年过节对领导嘘寒问暖，平时领导家里有个大事小情，他都是第一时间知道，第一个出现在现场。

最后，想进入公司的核心小圈子还是取决于你想要什么。事物的两面性决定了你得到了一些，必然失去一些。你能承受失去的那些吗？要想好了再行动。

职场心理学：路径依赖

路径依赖，是指系统或组织中，由于历史决策和选择而产生的固定模式或惯性。这种模式会影响未来的决策，使原有做法难以改变。

在争取领导信任，成为上级得力助手的过程中，我们可以运用路径依赖的理念，通过深入了解领导、稳健行事、良好合作和持续学习等方法，引导自己的行为，从而更有效地推动个人和组织的发展。

43

如何把你蹚过的坑变成护城河?

2022年11月1日,在"深圳全球创新人才论坛"上,拥有百万粉丝的美国国家科学院外籍院士颜宁宣布,即将辞去普林斯顿大学教职,回国担任深圳医学科学院的领导。这一消息迅速在各个圈子中刷屏,包括朋友圈、医疗圈、科学圈,并成为微博热搜榜的榜首。

颜宁博士,作为施一公教授的得意门生,早已声名鹊起:30岁当上清华正教授、"中国科学之星"、普林斯顿大学首位雪莉·蒂尔曼终身讲席教授、美国国家科学院外籍院士……她的人生看似非常成功。

然而,颜宁自己却表示:"大家只看到我光鲜的一面,发表了多少东西……大家没有意识到,其实我的每一关都面临过被 scoop(论文被抢先发表),注:对于科研工作者来说,这大概是最大的'坑'之一了。我的博士研究、博士后课题、回清华后的第一个课题、我在普林斯顿大学的课题。"她经历的这些困境,让她明白探索过程中的无形财富是别人无法夺走的。

另一个例子是我的前同事 L 女士，她在 GE 工作，人美气质佳，待人和善，业务能力强，逻辑思维清晰，说得一口流利纯正的英语，在团队里颇有人缘。她的职场生涯看似一帆风顺，但实际上她也经历过一段痛苦的时期。有人对她羡慕嫉妒恨，不仅停留在想法上，而且付诸了行动，去她的直线上级那栽赃她，去大领导那陷害她。然而，L 女士通过出色的工作能力挺过来了，并总结出了一套应对小人的心法。

这些例子告诉我们，在职场中，每个人都可能会遇到困境，无论是主动还是被动，这些困境都是成长的机会。当强者遭遇困难时，他们不会索性躺平或者直接摆烂，而是会尽快站起来，从坑里爬出来，抖落掉身上的尘土，重新出发。强者会将危险转化为机会，而弱者则会选择躺平摆烂。

那么，如何将你经历过的困境变成自己的优势呢？答案是：**不仅重视积累的经验，更要重视经历的教训，并将这些教训打磨成自己独有的一套心法。**

投资界的大牛，苏世民，根据自己的经验和教训写了一本畅销书《苏世民：我的经验与教训》。这本书是苏世民对自己经历的总结和提炼，对于感兴趣的朋友来说，是一本值得一读的书。

在现实生活中，重视自己的教训并不容易。比如在面试时，当被问到有什么优点时，大多数人能列出 3 条或更多；但是当被问到有什么缺点时，大多数人的回答都不尽如人意。这是因为人们往往不愿意面对自己的不足，或者避实就虚。然而，只有真正认识自己，重视经历的教训，并总结、提炼，最后形成一套自己的打法，才能建立起自己的护城河。

在茫茫人海中，要想脱颖而出，要么做第一，要么成为唯一。通过将经历过的困境变成自己的优势，我们可以成为独一无二的自己，建立起坚实的护城河，迎接未来的挑战。

职场心理学：归因谬误

归因谬误，即人们在解释他人行为时，往往出现偏差或错误。具体来说，我们在评价他人行为时，往往会将其归因于个人特质或性格，而忽视外部环境和情境等因素。

归因谬误主要有两种类型：内因归因谬误和外因归因谬误。内因归因谬误是指过度强调个人特质或能力对行为的影响，而忽视外界环境和情境的影响。外因归因谬误则是指过度强调外部环境对行为的影响，而忽视个人特质或能力等因素。

归因谬误对我们的判断和决策产生深远影响。它可能导致我们过分评价他人的能力和素质，忽视外部环境和情境的影响。这种倾向也可能导致我们对自己的行为做出错误的解释，如高估自己的成功源于能力和优秀表现，而低估幸运和帮助等外部因素。

然而，若能意识到归因谬误的存在，我们便可从中吸取教训，未来做出更好的决策。首先，我们要尝试从不同角度观察事物，考虑外部环境和情境等因素，避免单纯归因于个人特质或能力。其次，我们要承认自己的不足和错误，并寻求改进方法。最后，我们要学会接受失败和挫折，从中吸取经验教训。

职场高情商沟通的 7 个习惯

提到职场高情商沟通,你首先会想到什么?很多人可能会认为,不就是口才好,专挑别人爱听的话说吗?然而,这种理解过于简单,也低估了高情商沟通的意义、价值和力量。在这里,我们从三个方面来拆解高情商沟通的内涵:

一、什么是情商?情商的 5 个境界

情商,英文缩写为 EQ(Emotional Quotient),是指一个人的情绪智商,即管理情绪的能力。这包括管理自己的情绪,以及他人的情绪。近年来,情商这个词被越来越多的人提起,原因在于随着社交需求的增加,情商变得越来越重要。然而,在社会层面,情商仍然普遍缺乏,因为这项技能在学校教育中很少被教授,只能靠家庭教育或社会实践中自己学习和实践。

情商为什么如此重要?它与智商有什么关系?有句名言说:"一个人的成就,20% 取决于他的智商,80% 取决于他

的情商。"李开复也指出，情商对成功的影响力是智商的9倍。情商和智商是人的两大能力，它们像左右手一样，互不相关但又相辅相成。

智商是基础，是把事做好。因为我们要想有能力理解事情，得靠智商。智商在一些领域中的作用更明显，比如工程师、科学家、程序员等等。情商定方向，是把事做对。让智力朝着对的方向去使力。

情商在一些领域中特别重要，比如健康、教育、人际关系，而这些领域恰恰决定着我们是否幸福。比如说教育，哈佛大学的儿童发展实验室，几十年来做的大量实验，证明了：只要学习情绪管理，小朋友的大脑神经回路很有可能被重新塑造，也就是说，天性是可以改变的，有三分之一的胆小幼儿能在上幼儿园前就不再胆小，还能改善成绩、预防暴力。

情商有五层境界，分别是：
第一层，我能感知我的情绪。
第二层，我能管理我的情绪。
第三层，我能感知他人的情绪。
第四层，我能管理他人的情绪。
第五层，能将自己的情绪和他人的情绪融会贯通。

二、什么是高情商？高情商就是会说话、说好话、好说话吗？

高情商不仅仅是口才好，会说好听话，更是一种内在的智慧。职场中的高情商需要小聪明,更需要大智慧。小聪明往往停留在行动上,而大智慧则是用脑思考(如何表达更容易被理解)和用心表达(态度是否真诚)。

高情商的人通常心态平和,善于沟通,积极主动。他们能把不能管理的情绪变为可以管理的情绪,从而增强自己理解他人以及与他人相处的能力。卓越的领导者一般都有较高的情商,他们能够通过影响和管理他人的情绪来领导他人。

三、职场高情商沟通的 7 个习惯

(一)**有清晰的目的**。沟通的意义是达成共识,沟通的目的是解决问题。明确了这一点,每次沟通的时候,你才会在设定的目标的框架下,对事不对人地去沟通,这样也才能更好地解决问题。而不是说了半天,对方都不知道你为什么要来沟通。或者对事的沟通变成了人身攻击,完全忘了你是要解决问题本身,而不是把对方说得哑口无言。

(二)**内心足够强大**。还记得沟通五境界中的第五境界吗?如果你的内心不够强大,自己的情绪容易被对方带节奏,那就不是高情商的表现。

要做到内心足够强大,需要做到三点。

首先,要敏感。能敏锐地感受到对方情绪的起伏变化并采取相应的行动。如果你能第一时间感受到对方的情绪马上要爆发了，你就能远离他。

其次，要有耐心。情商低和急脾气基本是一对好基友。和这样的人相处，你一定要有耐心。否则，对方很容易被你激怒。

最后，还要有韧性。"韧性"的表现形式是能迅速复原，所以韧性又叫"复原力"。它是指对方情绪失控的时候，你的情绪完全不受影响，或者你能迅速调整自己的情绪恢复到平静状态。

（三）**表达逻辑有力**。沟通中运用逻辑是为了让对方更好地理解你。试想，如果你一上来就扎进细节里和首先告诉大家你要讲三点，哪个更容易被听懂？

逻辑表达简单实用的方法包括在沟通中用"总分总"的结构，用工具和模型（比如用 STAR 讲故事），和使用"项目符号""第一、第二、第三""首先、其次、最后"。

（四）**沟通形成闭环**。高情商员工要靠谱，让领导放心。沟通时要形成闭环，不做职场黑盒子。可以使用 PDCA 工具来帮助沟通形成闭环。

（五）**能听懂弦外之音**。要理解领导和同事的言外之意，这是职场高情商沟通的标配。

（六）**需要的时候敢于说"不"**。高情商沟通绝不是做好好先生，而是懂得拿捏和权衡，善于灰度管理。该说"不"的时候，绝不犹豫。

（七）感谢是最好的沟通。表达感谢是与对方互动的过程。当你说"谢谢"时，你是在向对方传递喜欢被赞扬的信息。感谢能帮助你收获更多的贵人、盟友和朋友，从而开启更多的可能。

职场心理学：非暴力沟通

非暴力沟通（Non-violent Communication, NVC）是由美国心理学家马歇尔·罗森创立的有效沟通技巧。它的核心是避免攻击性或指责性的语言，而是采用尊重和共情的语言来表达自己的需求和观点，同时也尊重他人的需求和观点。

NVC 的四大原则为：观察、感受、需求和请求。首先，我们要观察并描述具体的事实，而非进行评价或假设。其次，我们要表达自己的感受，并理解情绪背后的需求。最后，我们要诚挚地提出请求，以实现双方需求。

NVC 助力高情商沟通，因为它强调尊重和共情。在高情商沟通中，我们要关注他人情感和需求，并尝试建立连接和共鸣。运用 NVC 技巧，我们能更好地表达需求和观点，同时更深入地理解他人。这有助于建立良好关系和提升沟通效果。此外，NVC 还能帮助我们避免冲突和误解，提高沟通质量和效率。

第三篇
职业转型的核心能力
学习力

你是否知道，我们的知识每天都在贬值？因此，"知识折旧定律"应运而生，该定律表明：

一年不学习，你所拥有的全部知识就会折旧 80%。

更多的研究资料显示，职场人需要以每年 6% 到 10% 的速度更新知识、更新思维，才能适应未来社会的需求。

与"知识折旧定律"相比，知识的更新速度更符合"斯科尔定律"，即在特定领域的知识量每隔一定时间就会翻倍。这个时间间隔由该领域的特征和发展速度决定，因此不同领域的翻倍时间可能会有所不同。例如，在医学领域，一项研究显示，现有的医学知识每 14 年就会翻倍。

这让我想起了 ChatGPT 之父、OpenAI 首席执行官山姆·阿尔特曼曾经说过的一句话：

一个全新的摩尔定律可能很快就会出现，即宇宙中的智能数量每 18 个月翻一番。

一方面，我们现有的知识在不断贬值，另一方面，新的知识和工具（例如阿尔特曼提到的智能数量）在以更快的速度不断更新。那么，在不久的将来，我们如何才能不被时代淘汰呢？

答案就是：不断提升学习力。

尤其是当你面临职业转型的时候，学习力成为一种核心能力。因为在这个过程中,你可能面临的是一个新的行业、新的商业模式、新的企业文化,新的流程,新的技能,甚至是一个全新的时代。

这可能会给你带来知识上的短板。比如,一位从事销售工作的人想要转型做市场营销工作,但他并没有相关的专业知识。这时,他需要通过学习来填补自己的知识空白,掌握市场营销领域的基本知识和技能。只有通过不断学习,才能在新的领域里有所建树。

也可能会暴露出你自身经验上的不足。比如,虽然你人到中年,但是缺乏从求职到从老东家离职,再到新东家入职的闭环经历。你将可能面临"怎么和猎头打交道?""怎么做好面试?""离职有哪些注意事项?""怎么搞定背调和反背调?"等一系列关键难题。

抑或是因为新技术的出现,新的技能和岗位不断涌现。比如,当下被人工智能加速的第四次工业革命,正在创造更多的新型岗位和新兴职业:数据科学家、提示工程师、机器学习工程师、机器视觉工程师、自然语言处理(NLP)专家、虚拟现实(VR)和增强现实(AR)开发者等等。

再比如,你想创业了,却发现自己无论是在知识储备上,还是经历和实践上,都还是小白的水平。

于是,对于职业转型期的你,不断学习,不断提升学习力成了最重要的事。

人工智能时代,怎么学习不落伍?

在 ChatGPT 问世之初,我和几位朋友讨论了它对职场人的影响,并认为未来职场可能只有两种人:一种是会使用 AI 并能管理 AI 的人,另一种则是不会使用 AI,只能被 AI 管理的人。不久之后,任正非在一次采访中谈到 ChatGPT 时表示:

"未来职场上只有两种人,一种是熟练使用 AI 工具的人,另一种是创造 AI 工具的人,压根就不存在第三种人,即不会用 AI 工具的人。"

在未来,掌握 AI 技能将是一项基本技能,不会使用 AI 的人不仅将逐渐退出职场,还会被时代淘汰,成为尤瓦尔·赫拉利所说的"无用的人"。尤瓦尔·赫拉利是以色列历史学家、作家,耶路撒冷希伯来大学教授。在他的畅销书《未来简史:从智人到智神》中,他提到进入 21 世纪后,智人面临着新的议题:永生不老、幸福快乐和成为具有"神性"的人类。在解决这些问题的过程中,科技发展将颠覆我们许多被认为是无须佐证的"常识",例如人文主义所推崇的自由意志将面临严峻挑战,机器将代替人类做出更明智的选择。

更重要的是,随着大数据、人工智能等科技的发展,人类将面临从进化到智人以来最大的一次变革,大部分人将沦为"无价值的群体""无用的人",只有少数人能进化成特质发生改变的"神人"。我知道这个预言可能让很多人觉得无法接受,然而事实是,这本书的希伯来文版于2011年出版,距今已经过去10多年。当时作者在书中描绘的被当作痴人说梦的、大开脑洞的一些桥段已经或正在慢慢变成现实。

面对超越"摩尔定律",7×24小时疯狂进化的AI,作为人类的我们,打败它几乎没有任何胜算。我们唯一能做的就是不断学习新的知识和技能,这样才有机会在AI时代保持竞争力。如果学得好,还可以让AI为我们赋能,借助AI的力量,实现我们以前无法想象的梦想。

相较于传统的学习方式,AI时代的学习有以下三个特点。

一、多模式学习。

传统的学习方式通常是通过书本或教师面授知识或技能,但在AI时代,学习可以采用多种方式,包括在线视频、虚拟现实、增强现实等多种形式。学习者可以根据自身需求选择适合自己的学习方式。

二、个性化学习。

基于人工智能技术，学习者可以根据自己的兴趣爱好、认知水平和学习风格等因素，定制个性化学习方案，以提高学习效果。

三、自主学习。

在 AI 时代，学习者可以利用各种信息资源，自主地进行学习。通过网络搜索、在线学习平台等工具，学习者可以获取各种实时的学习资讯和知识技能。

而从学习内容的角度看，"熟练使用 AI 工具的人和创造 AI 工具的人"给了我们明确的方向：要学习与人工智能技术相关的知识和技能以及人工智能尚未掌握，或者至少不太在行的知识和技能。比如：

编程语言：编程语言是人工智能技术的基础，学会编程可以帮助人们更好地理解和运用人工智能技术。

数学和统计学：数学和统计学是人工智能技术的核心，学会数学和统计学可以帮助人们更好地理解和操作人工智能技术。

人工智能算法：学习人工智能算法可以帮助人们更好地掌握人工智能技术的应用和开发，并且提高职业竞争力。

软技能：目前普遍认为，人工智能还不具备自我意识以及情感，因此，它们还没有发展出诸如共情、同理心、关爱等方面的能力。另外，其他的软技能，比如沟通能力、协调能力、创新能力、领导能力、社交能力、人际关系管理能力等等，目前也是人工智能的弱项，进而变成了人类必不可少的软技能。

关于学习方法，通用的诸如制定学习目标和计划、复习、实践、利用在线工具等就不说了。说点 AI 时代比较实在的，大多都和人有关系：

寻找优质的学习资源：在学习过程中，寻找优质的学习资源非常重要。优质的学习资源可以帮助学习者更好地掌握知识和技能，例如权威的教材、在线课程、开放式课程等。

利用社交网络：利用社交网络可以获得更多的学习资源和学习支持。例如，加入相关的学习群组或社区（比如知识星球），与其他学习者进行交流和讨论，以共同提高学习成果。

参加线下培训和实践活动：参加线下的专业培训和实践活动也是提高自身技能的好方式。通过与专业人士交流学习，可以获取更深入的知识和技能，并且结交更多志同道合的朋友。

建立学习小组：建立学习小组（比如训练营）可以帮助学习者互相学习和扶持。学习者可以通过互相分享知识和经验，完成项目等方式相互促进，共同提高学习成果。

不断反思和调整：在学习过程中，不断反思和调整学习方式和方法是非常重要的。学习者可以通过定期自我评估、获取他人的反馈意见等方式，发现自己的不足之处，及时进行调整和改进。

最后，分享一些学习资源，仅供大家参考。

1. Coursera：Coursera 是一个在线学习平台，有很多知名大学开设的数据科学、机器学习和人工智能相关的课程。可以通过付费或者免费试听等方式进行学习。其中，吴恩达教授的机器学习课程是非常经典的入门级别课程，包含了机器学习的基础概念和实践技巧。

2. CSDN 博客：CSDN 是一个 IT 领域的社区，包含了大量的关于 AI、机器学习和深度学习的博客，其中不乏优秀的教程和案例分析。

3. 网易云课堂：网易云课堂是国内知名的在线学习平台，提供各种在线课程和证书课程，包括人工智能、编程语言、数据分析等方面的课程。

4. 机器之心：机器之心是国内知名的人工智能媒体，其网站上有大量的 AI 领域的新闻、技术文章和行业分析，可以及时获取最新的 AI 动态和趋势。

5. AI Challenger 竞赛：AI Challenger 是由阿里巴巴集团主办的一系列人工智能竞赛，包含了自然语言处理、计算机视觉等多个领域的竞赛，参与 AI Challenger 可以提高自己的算法和模型设计能力。

6. edX：edX 也是一个在线学习平台，与世界顶级大学和机构合作，提供各种在线课程和证书课程，包括计算机科学、数据分析、人工智能等方面的课程。

7. Udacity：Udacity 是一个在线学习平台，专注于计算机科学方面的课程和项目，包括人工智能、机器学习、自动驾驶等方面的课程。

8. GitHub：GitHub 是一个在线代码托管平台，提供各种开源项目和代码资源，可以帮助学习者更好地了解人工智能技术的应用和开发。

9. TensorFlow 官方文档：TensorFlow 是目前最受欢迎的深度学习框架之一，其官方文档详细介绍了 TensorFlow 的使用方法和 API。

10. PyTorch 官方文档：PyTorch 是近年来崛起的深度学习框架，其官方文档详细介绍了 PyTorch 的使用方法和 API。

11. Kaggle 竞赛：Kaggle 是一个以数据科学和机器学习竞赛为主题的平台，参与 Kaggle 竞赛可以提高自己的实战能力和解决问题的能力。

职场心理学：自我反省和反馈

自我反思和反馈，是优化学习策略、提高效率的关键。

这一过程通过深入分析个人行为、思考和感受，旨在增强自我认知和促进个人成长。它在教育、职业发展和人际交往等多个领域都有广泛应用。

在人工智能时代，高效学习更依赖于自我反思和反馈能力，这可以帮助学习者发现并克服学习过程中的问题，制定有效的提升策略。以下是一些实践自我反思和反馈的方法：

学习日志：记录每天的学习活动和感悟，帮助人们更清晰地认识自己的学习模式和习惯，发现改进空间。

自我测试：通过自我测试，人们可以更准确地评估学习成效和知识掌握程度，并据此寻找提升方法。

定期回顾与反馈：周期性地审视学习过程和成果，与他人交流分享经验，互相提供反馈，有助于发现问题并进行针对性改进。同时，积极吸收教师和同伴的反馈也是提升学习效率的重要途径。

如何成功进行职业转型？

职业转型，是指从原有的职业领域或岗位，转变到另一个职业领域或岗位。例如，你从研发转型为销售，或者从打工转为创业等。

职业转型通常有两种情况：一种是主动转型，原因是对当前工作不满意，如不符合兴趣爱好，工作压力过大，职业前景不明朗等。另一种是被动转型，如因各种原因失业后无法找到合适的工作，被迫进行职业转型。

在当前社会，职业转型变得越来越普遍。与我们的父辈相比，我们有了更多的职业选择。全球科技的飞速发展和经济结构的不断调整创造了更多的新兴岗位和工作，这不仅成了职业转型的催化剂，也给职业转型带来巨大的影响和启示。例如，在 AI、区块链、云计算、大数据等领域出现了许多新兴岗位，为职业转型提供了更广阔的空间。同时，新科技也为职业转型提供了很多便利，例如在线学习平台、线上交流社区。而横空出世的以 ChatGPT 为代表的新型 AI 技术（通用大语言模型）则直接改变了我们学习的方式、工作的方式和生活的方式。

要进行一次成功的职业转型，可以遵循以下五个步骤。

第一步：自我评估。在考虑职业转型之前，首先进行自我评估，了解自己的优势、兴趣和价值观等。可以通过问卷调查、自我观察，或利用在线测评工具如 MAPP 测试、Myers-Briggs 类型指标等了解自己的职业倾向和潜在发展方向。

例如，某公司销售主管一直想要转行进入文化创意行业，但一直没有机会。后来，他通过自我评估了解到自己热衷于艺术和设计，于是开始利用业余时间学习相关知识和技能，并积极参加艺术展览和设计比赛。最终，他成功转型为一位优秀的文化创意从业者。

第二步：研究目标领域。在确定职业方向后，进行充分的调研，了解目标领域的市场需求、发展趋势和人才要求等。可以通过阅读相关书籍、行业研报、参加行业交流活动、实地考察企业等方式。

例如，某公司财务主管对 AI 技术很感兴趣，并决定转型进入该领域。为了了解更多关于 AI 的信息，她开始学习编程语言和机器学习算法，并参加了一些 AI 论坛和研讨会。在这个过程中，她结交了不少同行业的专业人士，也获得了一些实战经验。最终，她成功地找到了一份 AI 工作。

第三步：学习新技能和知识。在确定目标领域后，努力学习和掌握相关技能和知识，提高自身竞争力和适应性。可以通过参加培训课程、在线学习、实践经验等方式。

例如，某公司市场部经理从事了多年的传统营销工作，但随着互联网的发展，他意识到需要转型进入数字营销领域。于是，他开始参加一些线上课程和培训活动，了解了SEO、SEM、社交媒体等数字营销技术，并开始应用这些技术到自己的工作中。最终，他成功地将公司的市场营销提升到了一个新的高度。

第四步：建立人际关系网络。在转型过程中，建立良好的人际关系网络至关重要。可以通过参加行业会议、社交活动、线上社交平台等方式，与同行、专家和招聘人员建立联系，了解更多职业信息和就业机会。

例如，某公司产品经理想要转型进入游戏开发领域。他开始加入许多游戏制作社群，并参加一些游戏开发者的分享会议和活动，在这个过程中认识了很多行业内的专业人士，获得了许多有用的信息和资源。最终，他利用自己的人脉关系找到了一份游戏开发相关的工作机会。

第五步：实践锻炼。在转型过程中，不断实践和锻炼自己，提高自身能力和竞争力。可以通过参加实习、自主创业、志愿服务等方式，积累实际经验和展示自己的能力。

例如，某公司人力资源总监决定转型进入教育领域。她开始利用业余时间参加志愿者活动，帮助一些学生进行辅导和教育支持。在这个过程中，她不仅锻炼了自己的教学能力和沟通技巧，还结交了许多教育界的专业人士。最终，她成功地获得了一份教育领域的职位。

当然，职业转型是一个充满挑战的过程。如果你已经身处其中，请注意以下几点：

一、正确认识风险。职业转型具有风险性，需要充分了解风险和机遇，并做好相应准备。

二、保持积极心态。面对职业转型过程中的挫折和困难，保持积极心态，理性地解决问题。

三、多渠道获取信息。广泛了解行业信息和就业机会，可以通过参加行业交流活动、社交平台、招聘网站等多种途径。

四、不断学习与更新。职业转型是一个长期过程，需要不断学习和更新自己的知识和技能，提升自身竞争力和适应性。

五、寻求帮助和支持。在职业转型过程中，可以寻求专业人士或相关机构的帮助和支持，如招聘顾问、职业规划师、培训机构等。

总之，职业转型需要一个清晰的规划和实施步骤，同时具备较高的决策能力、适应能力和学习能力。随着新兴岗位和工作的不断涌现，职业转型者需要保持敏感性和前瞻性，及时了解行业发展趋势和未来就业需求,以更好地把握机会并实现自我发展。

职场心理学:心理调适

心理适应,是指通过调整我们的思维、情感和行为,以更好地应对环境和压力的过程。

在职业转型的旅程中,你可能会遇到许多不确定性和挑战,这可能导致焦虑和压力的增加。为了缓解这些负面情绪,你可以尝试以下心理适应策略。

一、积极思维。关注自身的优点,对未来保持乐观,积极寻找发展机会和前景。

二、社交互动。与亲友或同事交流,分享你的想法和感受,获取他们的理解和支持。

三、冥想与放松。在日常生活中,尝试冥想或进行简单的呼吸练习,以放松身心,减轻焦虑和压力。

四、心理咨询。如果情绪困扰严重,寻求专业心理咨询师的帮助,进行心理治疗和情绪调整。

不是"斜杆青年",要不要培养"斜杠精神"?

"斜杆青年",这个词汇源于英文单词 Slash,指代那些不满足于单一职业身份,而是选择拥有多重职业和身份的人群。他们积极拥抱多元生活,勇于挑战自我,突破传统框架,展现出新时代的个性特征。

举个例子,一位"斜杆青年"在白天可能是公司的人力资源经理,下班后则变身为健身教练,帮助他人塑造完美身材。或者,他可能是专业的培训师,在讲台上传授知识,而下了讲台,他则是抖音平台上拥有众多粉丝的短视频创作者。

提到"斜杆青年",不得不提的一位杰出代表就是达·芬奇。是的,就是那位闻名遐迩的画家,他的《蒙娜丽莎》和《最后的晚餐》堪称世界艺术瑰宝。然而,达·芬奇的身份远不止于此。他是意大利文艺复兴时期的杰出人物,集画家、雕塑家、工程师、科学家和发明家于一身。

在建筑领域,达·芬奇是当之无愧的大师。他是第一个研究砌体裂缝成因的人,还设计过起重机等各类机械。他为伊斯坦布尔(当时叫君士坦丁堡)设计过超前的拱形桥,尽管施工难度大,造价高,但终于在2001年建成。他还曾与意大利文艺复兴时期的一位建筑师竞争设计了米兰大教堂的新穹顶,巧妙解决了设计难题,尽管他后来撤回了自己的投稿作品。

达·芬奇也是最早出现的城市规划师之一,他的"理想城市"构思是一座双层叠加的城市,充分考虑了建筑空间、道路和流动水网络等要素。他的城市规划理念突破了时代局限,为后世的城市规划提供了宝贵借鉴。

达·芬奇的手稿被认为是世界上最珍贵的手稿之一,记录了他对自然科学、物理学和宇宙学等领域的研究成果,以及他的草图和绘画。这些手稿涵盖了水与天空的研究、人体解剖的研究、变形的动物和机械以及地质学的探索等多个领域,展示了达·芬奇广泛的兴趣和深厚的学识。

那么,如何看待达·芬奇是"斜杆青年"这件事呢?老一辈的职场人士对"斜杆青年"可能存在一些误解。比如,他们认为"斜杆青年"没事闲的,本职工作轻松,所以用所谓的"斜杆"职业来消磨时光。然而,成功的"斜杆青年"在本职工作上大多都是兢兢业业,深知本职工作是职业生涯和斜杆生涯的基石。

还有人认为"斜杆青年"不务正业，主业做不好了，但又不甘心马上退出，所以骑驴找马，另寻出路。然而，成功的"斜杆青年"在主业上往往都是成功的，而且"斜杆"职业也大多可以反哺主业。

又有人认为"斜杆青年"不够专业，非科班出身，怎么能做得专业？然而，事实并非如此。比如，学英语科班出身的一定比非英语专业的英文口语好吗？不一定！因为语言是工具，重点不在于如何学习，而是如何应用。再如，学美妆专业的就会比半路出家的更专业吗？也不一定！看看李佳琦的成功。

做"斜杆青年"有这么多好处，我们要不要鼓励每个人都成为"斜杆青年"呢？在回答这个问题之前，我们先来讨论一个话题。拿破仑曾说：不想当将军的士兵不是好士兵。这句话的本意是每个人都应该有进取精神，具备向上的力量，而不是拘泥于眼前看到的人，手上在做的事。

我曾经参加了一个为期两天的 DISC 国际双证班培训。这次培训让我大开眼界，双证班社群里藏龙卧虎，高手如云。然而，参加了这个培训，并不意味着我就成了"斜杆青年"。其实，这只是我人生中的一个选择而已，希望能掌握更多技能，让人生有更多可能。

所以，不必鼓励每个人都成为"斜杆青年"。实际上，不如谈谈"斜杆精神"。因为"斜杆青年"是一种职业身份，可能会随时消亡。而"斜杆精神"是一种选择，可以永生。

"斜杆精神"是一种人生态度，让你的人生可以有多重选择的可能。我一直都认为，选择的权利才是人最大的权利，因为连自由都是有能力选择的结果。

"斜杆精神"是一种生活方式，让你以不同的角色和身份来体验自己的生活。有的人的生活千篇一律，有的人的生活五彩缤纷。没有对错，依然是选择的结果。

"斜杆精神"是一种思维模式。"你是想一辈子卖糖水，还是跟我一起改变世界？"20多年前，乔布斯对时任百事可乐总裁的斯卡利发出这个灵魂的拷问。斯卡利后来选择了与乔布斯一起改变世界，成为苹果的第三任CEO。看，这还是选择的结果。

"斜杆精神"让你有一种不安于现状的进取之心，不拘泥于墨守成规的思维模式。它永远是向上的，变化的，主动拥抱挑战的。"斜杆精神"让你敢于尝试，敢于突破，敢于拥抱人生的无限可能。

职场心理学：自我认同

自我认同，即个体对自我身份与特性的认识与评价，是构成自我意识的核心部分。在心理学领域，自我认同被视为身心健康的基础，与自尊、自信、幸福感等精神层面紧密相连。

在"斜杠技能"与"斜杠精神"的背景下,自我认同助力职场人士深入理解自身优势与特长,发挥更大潜能。

一、把握自身多元技能与角色,如技术、沟通、领导、社交等,以更好地应对职业挑战与发挥潜力。

二、寻找专业与非专业的认同标签,维护个人自我认同与价值。例如,医生兼作家在医学界与写作界均可获得认同。

三、探索自我成长方向,包括开发新技能、学习新知识、寻求新挑战等。这有助于职场人士不断提升专业与非专业能力,增强职业竞争力,适应职场变化。

以一位兼具设计师与编程员技能的职场人为例,他可将两种技能结合,开发出美观实用的产品,提升市场竞争力。在此过程中,他需明确自身优势和特点,找到认同标签,并不断探索新技能与知识,以实现更高职业成就。

如何让别人主动给你推荐好的工作机会？

在一次关于职业发展的小班课上，我向学员提出了一个问题："你们的手机里是否安装了领英或脉脉 App？"事实上，大多数职场人士都至少安装了其中一个应用。

大部分学员都表示他们已经安装了这些应用。我接着问："那么，你们在领英的联系人（connection）或脉脉、微信的好友中，有多少是猎头呢？"这个问题让培训教室里的30 多人陷入了沉思，他们脸上的表情似乎在说："我从没关注过这个问题""为什么要加猎头？"或者"这和我有什么关系？"只有少数人表示他们有一两个猎头联系人。

看到这个反应，我决定换一个角度提问："那你们会主动加猎头为好友吗？"这个问题让大家陷入了沉默。

我笑了笑，接着说："我们常说，你不理财，财不理你。如果猎头不主动加你，你也不主动加猎头，那么当你想找下一份好工作时，谁能帮你呢？仅仅依靠朋友和关系可能不够用吧？如果你想自力更生，该怎么办呢？"听到这里，大家的目光都集中在我身上,若有所思地点点头,似乎已经猜到我要说什么了。

我个人建议大家主动加猎头为好友,无论是通过领英、脉脉还是微信。这样做有三个好处。

一、建立与猎头的关系。当你加了猎头为好友后,他们很可能会查看你的个人档案。如果他们认为你的档案不错,就会接受你的好友请求。如果他们正在寻找像你这样的候选人,那就一拍即合了。即使没有立刻找到合适的机会,你们也至少建立了初步的联系。以后有什么需求,彼此都知道如何联系。

二、挖掘猎头的人脉资源。当你成为猎头的好友后,你可以看到他们的动态。专业的猎头不仅会发布招聘信息,还会分享他们关注的垂直领域和相关行业的动态信息、公司新闻以及市场情报等。这样,你就可以足不出户,通过动动手指就能获取专业的信息。

三、让猎头注意到你。如果你平时有写原创文章或者分享优质文章的习惯,尤其是职场相关或与你专业相关的内容,那么恭喜你!你将更容易得到猎头们的关注。通过你的文章,你可以展示你的专业度、思考能力、表达能力和写作能力。这些能力在职场中都可以成为帮助你晋升的助力。通常,猎头们在几个主流职场社交应用中都比较活跃,所以更容易关注到你,你们建立关系的概率也更大。

加了猎头之后怎么做？以下是一些建议。

主动加猎头为好友后，24小时内一定要发送一条信息打个招呼，越早越好。这不仅是基本的社交礼仪，更能体现出你对这段关系的重视。如果你能花点心思打磨第一条信息，那就更好了！在竞争激烈的时候，差异化就是最好的护城河。

仔细打磨你的个人档案，除了履历信息，一张专业的职业照片也是必不可少的。考虑到猎头行业中女性从业者较多，而且这是一个注重外貌的时代，所以个人形象很重要。

在发布朋友圈或动态时，最好能体现出你的专业性，并充满正能量。否则，你可能会弄巧成拙。我有一个朋友在加了猎头微信后，依然不修边幅，到处"放炮"，结果本来马上要签入职协议了，最后却泡了汤。

如果是微信好友，最好给猎头打上标签。这样，在发送消息时容易找到他们，而且在发布朋友圈时也有选择的目标。

通过以上建议，你可以让别人主动为你推荐好的工作机会，为自己的职业发展创造更多可能性。

职场心理学：网络化思维工具

网络化思维，是一种以网络为基础的认知方式，它通过关注和利用社交网络等与个体相关的网络资源,以获取更丰富的信息和机会。在职场中,运用网络化思维可以帮助我们拓展人际关系网,发掘新的发展机会,从而拓宽职业生涯。例如,我们可以通过这种方式发现新的行业、新的岗位、新的工作类型,开启全新的职业生涯。

以跳槽求职为例,网络化思维可以帮助我们结交更多的朋友、同事、领导、猎头等;及时了解市场的动态,掌握自己所在行业的趋势和发展方向,从而及时调整自己的职业规划;获取更多的支持和建议,以及求职技巧和经验分享,从而提高求职效率和成功率。

职场不相信眼泪，如何避免提了离职又后悔？

没有如果，只有结果和后果

一位某论坛上的小伙伴（楼主）分享了他的经历：某天在冲动状态下向领导提出离职，但态度并不坚决。领导感到惊讶，并挽留了他三个小时。等楼主冷静下来之后开始犹豫起来，回家后与家人商量，决定继续工作一段时间。然而，他第二天收到公司的离职流程邮件，这让他感到震惊。后来他才知道，领导认为他离职的态度很坚决。

楼主原本认为，自己去年的业绩虽然算不上多优秀，但至少马马虎虎。而且他这条业务线很忙，人手很紧张。年初领导已经分配了具体的任务，所以人力资源都是在规划中的。这种情况下，如果他提出离职，领导一定会极力挽留，然后给出1～3天的时间请他考虑，并且可能提出更好的挽留方案（加薪、培训机会）云云，然后轮到楼主拍板"其实不想走，其实我想留……"

楼主后来总结说，可能领导觉得提出离职的员工不值得珍惜。同时，在交流过程中让领导感受到自己有更多不稳定的因素，比如抱怨工作时间长，工资水平低于同行业平均值等等。

如果早知道这种结局，当初就不该冲动状态下提离职……

看到这我挺无语的——话都说了，事也做了，哪还有什么"如果"，有的就只有结果和后果了。

当断不断，必有后患

小朵是部门的业务骨干，业绩优秀，每年都能获得好评。因此，业界对她非常关注，想要挖她的人络绎不绝。有一年，她在发放年终奖后向领导提出跳槽的想法，领导竭力挽留她，并承诺加薪和重点培养。最终，小朵留了下来，领导也兑现了承诺。

然而，5个月后，公司招聘了一名科班出身、学历更高、更年轻的员工加入小朵的团队。随着时间的推移，新人的表现越来越好，逐渐接手了大部分重点业务。一年半后，领导将大部分重点业务交给了新人。小朵感到失落和愤怒，最后与领导发生争执，离开了公司。

想好了再说，说完了就做

无论是楼主的经历还是小朵的故事，它们的结局都告诉我们一个道理：在职场中，离职这件事必须想好了再说，说完了就做。不要轻易提出离职，也不要在提出离职后犹豫不决。

很多事实证明，通过提离职来"卖惨"、博眼球、证明自己的价值、争取福利地位等策略并不是好策略。管理者通常不会挽留正式提出离职的员工，即使挽留了，也只是暂时的缓兵之计。

因此，在离职前一定要想好，提出离职后就要做好离职的准备。不要给自己和领导留下幻想和余地。

最后，针对职场上提离职，总结两点。

一、没有特殊情况，不要给对方留幻想，不要给自己留余地。

二、如果因为挽留而没有走，要培养起随时可以走的能力，做好随时可以走的准备。

职场心理学：顾虑清单

顾虑清单，是一种决策工具，它可以帮助我们分析选择的优劣势、风险和机会等因素，以便更好地处理负面情绪和焦虑，并做出明智的决策。通过将个体的担忧和困扰记录在纸上，可以帮助个体更客观地评估这些担忧的真实程度。我们通常会建议使用者将每个顾虑归类，并列出可能的解决方案或应对策略，以便更好地掌控自己的情绪。例如，当面临离职决策时，顾虑清单可以帮助我们分析和比较不同的选择。以下是一个简单的顾虑清单示例：

选项	优点	缺点	风险	机会
离职	更好的薪资和福利	需要重新适应新环境	找不到合适的新工作	新的工作可能提供更好的发展机会
继续工作	稳定的收入和工作环境	工作压力大，缺乏晋升空间	错过了其他更好的发展机会	公司可能提供更好的福利和晋升机会

通过填写这个表格，员工可以将离职和继续工作的各种因素列成清单，进而比较和权衡两者之间的差异。这样做有助于员工更全面地了解自己的状况以及每个选项的长期影响，从而做出更明智的决策。

除了上表中显示的因素，员工还可以在顾虑清单中添加其他重要的因素，如职业发展、工作满意度、个人价值观等。这样可以让员工更好地了解自己的需求和目标，并基于这些信息做出最佳决策。

总的来说，使用顾虑清单可以帮助员工更全面地分析和比较离职和继续工作的各种选择，并通过权衡优缺点、风险和机会等因素来做出最佳决策。

中年人跳槽有哪些注意事项？

人到中年，面临诸多生活压力，一份稳定的工作显得尤为重要。然而，职场中的不确定因素往往使得跳槽成为必要的选择。那么，中年人跳槽有哪些注意事项呢？

首先，避免冲动离职或创业。我认识许多中年人，他们因一时冲动离职创业，但大多数最终都感到后悔。特别是在经济不景气时期，我强烈建议不要轻易创业。如果确实要创业，建议选择低成本或零成本的方式。正如樊登老师在《低成本创业》一书中所说："成功的企业家不是冒险者，而是风险控制者。成功的创业者都有一个共同点：尽量避免风险，抓住非对称交易的机会。"除了不要轻易去创业，我也建议大家不主动离职，对中年人来说，本来机会就不多，所以，"工作安全"是第一位的。

其次，明确自己的职业目标。中年人找工作时，必须清楚自己要找什么样的工作，而不仅仅是找到一份工作。应考虑以下三个主要方面。

行业：选择行业的铁律是要"借势",即宏观发展趋势。顺势而为则事半功倍,逆势而动则事倍功半。比如,可以考虑以下三个行业:

新能源。咱们国家战略之一是2030碳达峰,2060碳中和。所以新能源这个赛道一定会坚定地走下去的。

生物制药和生物科技。我看好这个行业,是因为它是民生工程,关乎百姓的福祉,大家呼声高,政府也重视。

高科技/高尖端设备。无论西方给中国制造的技术壁垒,还是中国的高科技企业被制裁,都让我们清醒地认识到,是否做国产化不是一道选择题,而是一道必做题。

公司：比如公司所有制是民企、外企还是初创。有人喜欢在民企独当一面,有人青睐在外企按部就班。考量所有制的核心是评估你和公司的文化是否适配。

岗位：岗位很重要,它决定了你的专业领域,职能分工,角色定位,工作范围,业务规模,团队大小等等关键因素。中年人作为职场老司机,是持续耕耘一个专业领域,还是不断尝试新赛道?这个问题没有标准答案,因为每个人的目标是不同的,所以走的路也可能是不同的。但有一点是你必须考虑的：你的长期/最终目标是不是明确?每一段职业经历是不是在给你的长期目标添砖加瓦?

我常常把一个人的工作比喻成造塔,一个领域或者一个职能是一座塔。如果你总是在换,那么你就在造不同的塔。

假以时日,只造一座塔的人可以在塔上一览众山小了(行业头部专家),而你没有一个塔造得足够高。这就是专注和不专注的区别。用人单位最关心的问题是,你在每个领域和岗位做了多久?短期内不停地换职能和领域,很难让候选人在理论上专业,在实践中有经验。举个例子,如果一个候选人有12年的工作经历,其中7年做运营,3年做市场,2年做销售,那么大概率他们希望候选人继续做运营。专业性不仅需要刻意练习,也需要时间这个参数。

除了行业,公司,岗位,还要考虑你的直线领导。因为他几乎"决定"了你职场中的一切:工作职责、角色定位、绩效考核、年度评优、晋职加薪、各种培训和露脸的机会等等。如果可能,尽量去做个背调。重点关注领导三观正不正(尤其是价值观)?为人处世好不好?管理风格是怎样的?

最后,确保自身价值与工作匹配。虽然我一直很鼓励"职业是双向选择"这个说法,但是放到中年人身上,挑战确实不小!比如,你是一个高管,你适合去一家仍然挣扎在生存期的初创公司吗?可能不适合。原因是价值可能不匹配。

从候选人的角度看,初创公司的大多数管理者都是身兼数职,缺少流程、数据、标准是常态。没有健全的制度、体系也很正常,很多决策是根据感觉做出来的,而不是根据事实和数据。这种情况下,首先,文化适配就是个问题,其次,工作氛围和方式也是巨大挑战,所以,高管的生存率一般不高。

从初创公司管理层的角度看,大多数高管眼高手低,因为不愿意靠近第一线,务虚多于务实,并且业务逐渐生疏,不能解决公司现阶段的具体问题。

职场心理学:自省

自省,是指人们通过反思自己的思想、情感和行为,以获得更深入的自我了解并寻求改善的过程。在这个过程中,个体会尝试回顾自身的行动和反应,并思考自己的内心感受、需求和期望。

对中年职场人而言,跳槽到新的工作环境需要深思熟虑。自我反思能够帮助人们清晰地认识到自己的长处和短板,同时思考如何将这些个人特点运用到新的职位中。

以一位考虑跳槽的中年人为例,他可能会对是否适应新工作、是否能够胜任新岗位感到担忧。通过自我反思,他可以回顾自己的职业经历和技能,评估自己与新岗位的契合度。同时,这也能帮助他明确自己的职业期望和需求,判断新环境是否能够满足这些期待。

简历可以随便发给猎头吗？

Z是一家年销售额超过100亿的大型企业的运营总监，年近45岁。最近，两位猎头找到他，希望他能考虑外部的工作机会。

猎头1表示："这是一个千载难逢的机会，是集团运营副总裁的职位。虽然他们公司的规模不如你们大，但这将是一次从总监跃升为副总的跨越，多么吸引人啊！你可以把最新的简历发给我吗？"

猎头2则说："新东家在新能源行业，前景不可限量！如果你能加入，不仅可以加薪，还能获得期权。请把简历发给我吧！"三言两语，直奔简历……

Z听了介绍后，对这两家公司进行了调查，确实觉得它们非常优秀。然而，他还没看到具体的工作描述，也不知道具体的职责是什么。作为一名运营人员，他深知工作范围可能狭窄也可能宽泛。此外，他也想了解一些其他的信息后再行动。

"我应该马上把简历发给他们吗?"他问我。

"不要。"我回答得很坚决。

"为什么?"他追问。

"原因有两点。首先,一旦你把简历给了他们,你就失去了主动权。他们会根据简历来判断你是否能通过初步筛选。因此,与其立即发送简历,不如先与他们深入讨论一下职位的具体情况。如果他们对此也不清楚,那么这个机会可能不靠谱。"

"第二,你连工作描述都没看到,所以,你对这个职位了解甚少。结果是,对于'你是否感兴趣?你是否胜任?'等等这些基本的问题你都回答不了,这会让你感到被动和焦虑。"

"分析得太透彻了!也说出了我内心的想法。"Z说,"那我应该如何与他们继续交谈呢?"

"好,帮你帮到底!给你一份亲测有效的问题清单,一共有8个问题。在你发送简历之前,如果你能从猎头那里得到所有问题的答案,那你就稳了!如果不能,至少要得到问题1、2和3的答案,它们将直接决定你是否会考虑这个机会。"

话不多说,上清单……

与猎头沟通的 8 个问题

一、可以分享一下职位/工作描述吗?尤其是运营工作的范围和职责是什么?

看了职位/工作描述，你才知道你感不感兴趣，胜不胜任？

二、直线领导是谁？在公司组织架构里什么位置？

有句话说：你自己说你自己行，不行；别人说你行，也不行。得说你行的人行，才行。所以，你的直线领导的情况很重要。

三、工作地点在哪儿？有可能在XX城市吗？

工作地点在哪儿直接决定了你和家庭的关系，一个是距离，一个是感情。如果有孩子，就更是躲不过去的一个问题，要和家人沟通好，她们是我们坚强的后盾！

四、公司的文化是什么样的？

在我听到以及亲身经历的离职案例中，超过80%，有些行业甚至超过90%都是由于文化不合拍造成的。

文化这个东西听起来很玄，具体说就是价值观、经营理念和工作方式。

五、能分享一下招聘这个职位的背景吗？比如，这是一个新职位，还是接任？如果是接任，方便知道前任去做什么了吗？

这个问题很关键，它决定了你面临的是一个康庄大道还是职场大坑！

如果是一个新创建的职位，你要留意你的团队里有没有位高权重的元老。

如果是一个接任的职位，有两种可能：一种是前任还在，而且是你的领导；一种是前任不在，有可能调岗做公司的其他工作了，也有可能离开公司了。了解前任去做什么了很重要！

六、运营团队多大？平均年龄和工作年限？都分布在哪些国家/城市？

结合你了解到的职责和工作范围，团队有多大决定了工作量和资源要素是不是匹配。

平均年龄和工作年限主要考察的是队伍好不好带？如果团队里50%都是10年以上、年龄40、50的老员工，那队伍肯定不好带！

分布在哪些国家/城市决定了你出差的地方和频率。

七、对于有竞争力的候选人，你们最期待具备哪三个核心的能力？

即使拿到了职位/工作描述，我也强烈建议你和猎头好好探讨一下这个问题。这样便于你做准备的时候能够聚焦。

八、一年的工资奖金大概是什么范围？比例上是怎么分的？

钱倒是其次的，更重要的是，薪水开得越高就表示越重视，越重视当然对候选人有利了。同时，每个候选人心里都有杆秤，能落在预算范围内对双方谈下去都有利。

最后，给大家留一个问题：你的简历会通过中间人，比如，你的朋友，给猎头吗？还是你更愿意直接联系猎头？欢迎分享你的回答。

职场心理学：等待价值

在职场上，我们常面临种种选择，每个选择都伴随着不同的成本与收益。如何权衡这些因素，确定最佳行动时机，是职场人必须掌握的技能。这种能力，在心理学中被称为"等待价值"。

例如，当面临一个工作机会时，我们可能需要在职业规划、目标、兴趣、技能和工作环境等多方面进行考量。此时，"等待价值"原则就能帮助我们深入分析这些因素，以决定是否接受这个职位。通过深思熟虑，我们可以更明确自己的需求，找到最佳的决策时机。

同时，"等待价值"还能帮助我们在交流工作机会时，更好地控制情绪和态度。在决策前保持冷静和理智，可以让我们避免冲动行事，从而提高决策的准确性。

离职的 8 大注意事项

无论你是否愿意,离职对于职场人来说都是一件常见的事情。问题在于,你真的了解离职的注意事项吗?所谓的"注意事项",意味着如果你稍有不慎,就可能会陷入一些麻烦中,而且可能会困扰你一段时间。

比如,忘了向原公司要"离职证明",结果到了新公司无法办理入职;提前透露了新公司名字,有人感到不满,到新公司领导那说了你的坏话,从而破坏了你的机会,导致你既无法在旧公司继续工作,也无法进入新公司;没做好工作交接,不仅影响了自己的口碑,而且原公司的人三天两头地找你,问以前工作上的事。

离职注意事项的一个基本原则是,一切相关的信息必须书面化,一切相关的文件必须有双方签字,一定要忍住不说吐槽的话。

下面,是我总结的离职八大注意事项,分为离职前、离职中和离职后三部分。

离职前,妥善辞职是关键

一、考虑清楚再做决定。职场中这么多年,我见过、听过不少"提出离职一时爽,离职之后悔断肠"的悲剧。究其原因,是当事人没有想清楚就提离职了,然后就后悔了!

无论是对于雇主,还是员工,离职都不是小事。它至少关系到两件事:一个是要不要,以及怎么结束当前的工作关系,一个是怎么开始下一段工作关系。所以,作为员工,一定要考虑清楚再做出决定。而一旦做出决定,就不要再摇摆不定。

二、列出一份待办事项清单。以下的 9 个关键事项供你参考,建议你以此为蓝本,定制化一份自己的。

1. 阅读国家层面的相关法律法规,比如《劳动合同法》中的相关规定、公司有关离职的相关政策,做到知彼知己;

2. 给直接上级发离职通知。建议先口头,后书面;

3. 工作交接。可能会涉及三个层面的:向上级、和平级、对下级;

4. 个人信息备份。假设工作电脑里有你的个人信息;

5. 妥善安排休假计划。尤其是当假期不能折算成钱一次结清的时候;

6. 一次性结算工资和其他费用。比如,费用报销、公司各种充值卡等等;

7. 离职证明。大概率在下一家公司履新时用得上；

8. 工资证明。找下份工作谈薪资时可能用得上；

9. 给同事发离职告别信。后面你会发现，这个真的很有必要。

三、递交辞呈（以主动离职为例）。

有 5 点需要注意：

1. "辞职通知书"还是"辞职申请"？

建议当事人给直接上级发"辞职通知书"而不是"辞职申请书"。因为解除劳动合同的权利是单方面权利，不需要申请。如果使用"辞职申请书"，需要走司法程序的时候可能会被认为是辞职当事人发出协商解除劳动合同的要约。而协商解除需双方意见一致才能达成。这可能会让你的辞职之路不那么顺利。

2. 什么时候给上级发"辞职通知书"？

《劳动合同法》第 37 条规定，劳动者提前 30 日以书面形式通知用人单位。当然，如果双方协商达成其他时间条件也可以。对于试用期内辞职的，劳动合同法规定，需提前 3 日通知。不过，针对这一点法律未要求一定使用书面形式，但从举证角度考虑，建议你不要偷懒，同样使用书面形式通知。

3. 怎么和上级沟通？

在发送书面辞职通知之前，强烈建议你和你的直接上级先一对一口头沟通一下。这是个职场潜规则：第一个知道你离职的人应该是你的直接领导，而不是大领导、人事、你的好友或者任何其他的同事。

另外，离职前"管住嘴"非常重要——不要事先跟任何人提及你想离职的想法，也不要明确说去哪一家公司，公司没有不透风的墙。万一你提前泄露了信息，被之前得罪过的人或者看你不顺眼的同事知道了，暗地里给你使坏，比如，打电话给下家公司抹黑你都是有可能的。高情商的回答是这样的：有几个机会在谈，不过目前还没有确定好去哪家。我们保持联系，等确定了好第一时间告诉您。

4. 怎么确定离职日期？

离职日期最好确定在每个月的 15 号之后。因为公司一般是以每个月的 15 号作为分界线缴纳你的五险一金的，15 号之前入职的当月五险一金由上家公司承担，15 号之后入职的由现在入职的公司承担来缴纳。尽量安排好下家入职时间，把握好 15 号这个界限，以免断了一个月五险一金。

5. 不要不辞而别

如果因为个人原因离职，但是你没有按照法律的要求提前通知用人单位，在司法实践中会被视为违法解除。

依据《劳动合同法》第 90 条规定，劳动者违法解除劳动合同，给用人单位造成损失的，应当承担赔偿责任。所以，不要不辞而别！

离职中,好聚好散是关键

四、做好离职交接。首当其冲的当然是做好工作交接。这不仅体现着你专业负责,同时也是对自己工作的一次梳理。所以,好好把握这最后的机会。

交接过程中,如果你能做到专业负责+积极主动,就会给领导和同事留下一个好印象。一个人的人设和口碑建设就在于日常的点点滴滴。既然已经决定离开了,留下一个好印象是上策。另外,最后一个工作日,也需要将所有工作物品归还给公司,并需要接收人签字确认,避免之后出现纠纷。

五、备份个人文件和资料。在符合法律法规和公司的规章制度的前提下,比如 OUTLOOK 的 PST 文件(保存在本地的邮件信息)、通讯录、个人文件(如果有的话)等等。

曾经办公的电脑一定要将自己的个人东西都先备份出来,然后再删除,比如卸载掉微信,私人邮件、浏览器等。把电脑上的浏览器里的常用网址也备份导出来,方便你可以换到新电脑上时,可以通过浏览器的导入网址功能,快速恢复你之前的工作环境。

有一点切忌:**不要拷贝公司的机密文件和信息**。一般来说,公司都保留追索权。一经查实,你已经离开公司了,在新公司入职了,也可以把你召回来。这可能会葬送你的前途。

六、辞职通知的签收。辞职通知一定要公司签收,并保留签收的证据。无论是纸质版,还是电子版,都建议你拍照 / 截屏做备份。如果你的辞职通知交给公司但对方未签收,到时发生争议时,公司可以反过来说你没有正式通知即擅自离职,属旷工行为,这样将对你非常不利。

七、发离职告别信。给相关同事发一封感谢信,告诉大家你离职了,并留下联系方式和将来常使用的邮箱,表示愿意继续和大家保持联系。我这里强调"相关同事"的意思是不要群发离职告别信给每个人,大多数情况下没有这个必要。能链接和影响你能影响的人足已。

离职告别信,我建议采用四段式。

第一段:因为什么原因离职,最后工作日是哪一天。

第二段:回顾经历,感谢大家。

第三段:祝福公司,祝福大家。

第四段:工作交接事宜。

最后,**留几个关系好的同事和领导的电话**,因为将来新公司有可能会做背景调查,打电话咨询前同事。和他们保持好关系,可以保证你顺利通过背景调查。

离职后,谨言慎行是关键

八、管理好信息通道。如果你在浏览器里搜索"离职后的第一件事",跳出来的相关结果有 N 多。其中第一条就是

"清理朋友圈"。

这也是我建议大家离职后做的第一件事。"祸从口出",这个"口"是所有可能透露你想法和行踪的信息通道,其中微信群和朋友圈是最不能忽视的一个。

离职后,主动退群是必须的。这样让领导和同事放心,也让自己释然。要不要删除前同事(包括领导)的微信是个见仁见智的问题。我的做法是不删,但是做好分组。明确什么信息哪个群组可见,确保需要的时候能触达,不需要的时候不给添乱。这样做的另一个好处是,发送信息前过一下脑子,"三思而后行"永远都不为过。

职场心理学:系统思考

系统思考,是一种全局视角,能帮助人们更深入地理解问题和解决方案。在离职的过程中,系统思考尤为重要。

离职前的收集信息阶段,个体需全面了解自身和公司的状况。这包括收集公司文化、工作环境、职业发展等数据和信息,与其他同事交流,以及对比个人职业规划与公司现状。

离职过程中的分析因果关系阶段,个体需深入探讨离职的原因,如工作压力、职业发展限制等,并分析离职对职业生涯的影响,如失去稳定收入、职业发展暂停等。同时,也要思考如何应对离职带来的挑战和机遇。

离职后的确定目标和策略阶段,个体需根据自身职业规划和兴趣制定新目标,寻找适合的工作岗位。此外,要突出自己的能力和优势,在求职过程中展现自己,并不断学习和提升以适应职场变化。

总的来说,系统思考能帮助个体在离职前、中、后各个阶段更好地应对职场挑战,制定出更明智、高效的解决方案。

如何写一封得体的离职告别信？

首先需要明确：离职告别信并非强制性的。主要取决于个人的需求。有的人倾向于总结工作经验，有的人偏向于表达情感，有的人着重于表示感谢，有的人喜欢倾诉不满，有的人偏好简明扼要，有的人则喜欢辞藻华丽。比如，下面这段来自美的老员工在美的内部论坛的留言。虽说是留言，但正如他所说的"没想到第一次发长文就成了最后一次"，本质上它就是一封离职告别信。

"突如其来的优化通知，让我一下子陷入了沉思。过去，除了处理内部投诉，我几乎不看美的论坛，工作太忙碌，无暇他顾。没想到第一次发长文就成了最后一次。

作为老员工（老到不想提及），我见证了美的的成长与壮大。回望这些年，无数同事倾洒的青春与汗水，我也看到了公司的朝气蓬勃和活力四射，看到了它基业长青，荣登世界五百强企业之列，我由衷地祝愿美的未来一帆风顺。而反思自己在美的岁月，历经风雨，感慨万千，犹如梦境。文字虽少,遗憾却多,唯有难以平复的心情,不吐不快。

这些年来,最让我感到愧疚的就是对家庭的责任,尤其是对父母和妻子的亏欠。身在异乡,无法膝下尽孝……其次是对自己身体的忽视。2019年年底的一次实验意外,让我腰椎压缩性骨折,动弹不得,险些瘫痪……当时自己的选择,责任所在,义无反顾。现在回想起来,还是觉得自己过于善良。房贷要还,孩子要养,哪怕咬碎牙齿,也只能往肚子里咽。职场的起伏,世态的炎凉,本就该默默承受,无须张扬。因为即将离开美的,思前想后,还是决定记录下这些流水账,至少在美的记忆中留下我卑微的痕迹,供大家评头论足。

世人皆赞美春花烂漫,却忘记了春光也曾绿叶点缀。世人皆称赞后浪推前浪,转眼间,后浪却成了前浪。"

随后,美的集团董事长方洪波在内部网络对这位被裁老员工的留言做出了回应。他首先感谢了这位老员工多年来的默默付出,并请求对本次裁员的谅解。同时,他表示企业和个人都在时代的洪流中前行,不得不顺应时势,随时调整方向和策略以确保企业的生存和发展。

那么,一封得体的离职告别信应该如何撰写?

格式上

第一段:阐述离职原因,明确最后工作日。

第二段:回顾经历,感谢支持。

第三段：祝福公司，祝福大家。

第四段：说明工作交接事宜。

第五段：留下联系方式。如有需要，可以在此段表达自己的期望，例如希望大家关注自己的创业项目等。

简洁版是这样的：

尊敬的领导、同事们：因个人/家庭原因，我决定离开XXX，追求其他发展机会，最后工作日为XXX。

在XXX工作多年，与大家共事是我的荣幸，期间我学习成长了许多。在此，我要真诚感谢各位领导同事对我的关照与支持。

祝愿公司业绩蒸蒸日上，祝愿大家生活美满，工作顺利！我的工作交接事宜已安排妥当，请相关同事知悉。

这是我的联系方式：手机XXX，微信XXX……期待未来有机会再相见。

XXX

内容上

尽量客观陈述事实，准确表达自己的情感，避免过度发泄负面情绪。离职告别信的撰写应以达成目的为宗旨（如上文所述的各种目的）。特别建议在信中不要过多抱怨，毕竟"好聚好散"才是最理想的结局。如果信中负面情绪过多，可能会导致邮件被迅速删除，或者让其他同事感受到不愉快的情绪。尽管在公司可能遭遇了诸多不公，但若能在离职时保持冷静，更能展现你的成熟与稳重。

6 不要

1. 不要将信件群发给所有人，也不要遗漏关键人物。比如，与你有紧密工作关系的同事，或者职场上的好友。

2. 不要刻意或详细解释离职原因，以防引起不必要的误会和麻烦。

3. 除了感谢之外，不要过分赞美某个团队或个人。因为你的赞美可能会受到质疑，或者被认为不符合实际情况。

4. 不要炫耀自己的成绩。这样做既无实际意义，还可能引起他人的反感。

5. 如果非要吐槽，要避免具体指向，同时不要指名道姓。

6. 不要给他人提供建议。这样做基本上不会有任何效果，反而可能引起他人的反感。

-------- **职场心理学：积极沟通** --------

积极沟通，是解决问题的关键，它不仅提升人际交往效率，还能为职场发展铺平道路。通过积极的沟通技巧，人们能够更加和谐地交流，促进团队合作，为个人职业成长打下坚实基础。

撰写离职告别信时，积极沟通同样重要。在这封信中，表达对前东家的感激之情、对同事的尊敬之意以及对未来合作的期待，能够巩固人际关系，为未来的职业道路铺设桥梁。通过这样的交流，不仅能够维护良好的职场形象，还能在新环境中更快地融入，适应新的工作挑战。

职业空窗期要写在简历上吗?

职业空窗期,是指两份工作之间存在时间间隔,没有直接连贯。例如,如果你在去年 2 月离开上一家公司,直到今年 6 月才开始新的面试,那么中间的 14 个月就构成了你的职业空窗期。职业空窗期的时长可能从几周到数月乃至数年不等,其中一年以内的被视为短期,超过一年的则视为长期。

职业空窗期是否应体现在简历上?

一位学员最近向我咨询了这个问题。我的回答是肯定的,不仅需要体现,还要写得精彩。

为什么要写明职业空窗期呢?如果空窗期很短,比如只有几周,而且简历上只标明到月份,那么或许不明显。但如果空窗期较长,不写就会让 HR 产生疑问:这么明显的空窗期为何不提?你在这段时间里做了什么?是不是有什么需要隐瞒的?这样的第一印象可能会对你未来的面试之路产生不利影响。

以我个人的经历为例，2018 年 12 月至 2019 年 5 月，我因前往美国照顾孩子而产生了职业空窗期。最初在找工作的过程中，我并未提及这段经历，因为我认为这属于个人家庭安排。但猎头提醒我，半年的空窗期是 HR 能够明显察觉的，写明这段经历能够避免误会，让双方都感到安心。

HR 对职业空窗期最关心什么？

对于任何求职者，HR 最关心的无外乎以下三点，而对于有职业空窗期的求职者，HR 会更加关注第二点和第三点，即胜任力和稳定性。

1. 你的人际交往和职业素养如何？包括你是否诚实正直，是否有责任感等。

2. 你的能力如何？你是否能够胜任这个岗位？如果你的空窗期超过 6 个月，你能否迅速适应职场环境？

3. 你的职业稳定性如何？你离开上一家公司的原因是什么？空窗期期间你做了什么？在新的岗位上你能待多久？

HR 最不愿意看到的是不稳定的求职者，因为招聘新人的总成本可能是现有员工的 3 倍以上，而且很可能会事倍功半。

如何将职业空窗期转化为加分项？

要避免以下"3 不要"，同时认真打磨"3 要"：

3 不要（减分项）

一、不要试图通过调整时间来掩盖职业空窗期。这种做法是不诚实的，也不建议采取，因为雇主很容易通过查询社保记录等方式揭穿。

二、不要在空窗期经历上造假。简历可以优化，但不可以虚构。因为雇主有许多方法进行背景调查，包括在面试过程中通过不同角度的问题来验证你简历上的经历的真实性。

三、不要只是简单地概述空窗期做了什么。许多人只是简单地写"充电学习""家庭需要"等。HR更关心的是你具体做了哪些事情，以及这些事情如何让你增值，如何与你的求职机会相关。

3 要（加分项）

一、内容上要合情合理，没有违和感。以下是我为你总结的10个常见职业空窗期的经历（顺序不分先后）。

学习深造：考取资格证书，读MBA/EMBA，考研等；

身体健康调理：因病需要一段时间调理；

家庭需要：生孩子，全职照顾家人，家庭变故等；

外出旅行：放松自己，与朋友约定旅行；

帮助朋友：参与临时性项目（与自己主业相关）；

写书出书：接受约稿；

公司倒闭/搬迁/遭遇裁员：之后一直未找到合适工作；

创业：创业失败后，重回职场积累经验；

自由职业：自媒体，网约车司机，外卖员，顾问等；

待业在家：总结反思，重新规划，除非万不得已，不建议使用这个理由！

二、时间段上要合乎常识，做好匹配。例如，外出旅行的时间跨度不宜过大，3个月左右比较合适，1年以上则可能显得不太可信。而家庭需要、学习深造、自由职业等对时间跨度不敏感，可以视为"通吃选项"。

三、要具体描述你做的事以及它们给你带来的增值。以我自己的职业空窗期经历（来自我的领英档案）为例：

时间段：2020年12月——2021年5月

角色：全职爸爸/独立咨询师

职责：儿子的全职奶爸

还做了什么：

1. 给一家行业头部企业做了"有效沟通在谈判和领导力中的应用"的培训

2. 完成了两个有关原材料品类的行业咨询项目

3. 做了3场直播，内容涉及"采购技能培养"和"高效能人士沟通的7个习惯"

4. 给5位学员做了演讲技巧的培训

5. 发表了20篇关于采购和供应链管理的原创文章

最后，有职业空窗期本身不是问题，关键是要坦诚面对，与HR进行真诚沟通。让HR了解你并非在空窗期"躺平"或"摆烂",而是通过具体的事情增加了自己的价值,学习到了新的知识和技能,取得了成绩和经验,这些经历如何增强了你对新工作的胜任力。

职场心理学：心理安全感

心理安全感,即在社交场合中感受到的安心与自在,它能让人在表达真实想法、分享观点和感受时,不必担忧受到否定或批评。这种安全感不仅提升个人自信,还有助于积极社交和建立良好人际关系。在求职面试中,运用心理安全感策略可以增强信心与积极性,提升竞争力。

首先,对职业空窗期进行积极解读,强调期间积累的经验与成就。

其次,挖掘以往经历中的亮点,凸显个人优势,并与其与申请职位的关联性。

最后,与招聘人员建立良好关系,营造轻松安全的面试氛围。

总之,在求职面试中运用心理安全感策略,有助于增强自信、展现真实自我,提升竞争力。

面试中要特别注意哪些关键问题?

面试的本质问题只有一个

在电影《教父》中,有一句经典台词:"那些花半秒钟就看透事物本质的人,和花一辈子都看不清事物本质的人,命运注定是不同的。"对于面试来说,无论是面试官提出的问题,还是候选人给出的回答,其本质都是一个问题:为什么我们选择彼此?

对于面试官,这个问题是:为什么我要选择你?

对于候选人,这个问题是:为什么我最合适?

所以,候选人在回答问题的时候,要始终立足于"为什么我最合适?"来回答面试官最关心的"为什么我要选择你?"二者匹配度越高,你的胜算就越大。这就是面试的本质。

回答问题的时候一定要"忌口"

这里的"忌口"有定性和定量两个维度。

从定性的角度说,"忌口"是指不要激动了,高兴了就什么都说。比如说前东家的坏话,或者说出致命的缺点等等。有些比较感性的候选人,会被彬彬有礼,和蔼可亲的面试官打动,结果话匣子一打开就不可收拾,于是能说的、不能说的都一股脑和盘托出。殊不知面试官早已经默默点击了"面试失败"按钮。

从定量的角度说,"忌口"是指回答问题的时候,切忌滔滔不绝。每次连续说话的时间最好不要超过 90 秒,也就是一分半钟。比较合适的做法是聚焦于面试官的问题,言简意赅。如果面试官想了解更多的情况,他们会继续提问。

面试中的四个关键问题

之所以定义为"关键",意味着回答不好的话可能导致面试失败。

一、请介绍一下你自己。

这个问题看似普通,但是能真正回答好的人并不多。典型的问题包括说得太多、没有结构、缺乏逻辑、没有重点、更没有亮点等等。

推荐一个自我介绍的模型——FABE。

F 代表特点(Feature)。你有什么特点?有哪些差异化能力?

A 代表优点（Advantage）。相比于其他候选人，你哪里好？

B 代表利益（Benefit）。你能给对方带来什么价值？

E 代表证明（Evidence）。空口无凭，举个例子来证明以上的三点。

通过"FABE"模型来回答"为什么我最合适？"这个关键问题，有逻辑、有结构、有观点。

二、说说你对我们公司的了解？

如果候选人说，只是听说过你们公司的名字。或者煞有其事地说出一些信息，可惜是错的。这种情况下，你觉得候选人对你们公司感兴趣吗？如果你是面试官，你会选择他们吗？

"说说你对我们公司的了解？"这个问题考察的是面试者对公司是否感兴趣。

你可以通过公开信息或者向猎头和朋友了解新公司的情况。当然了，你得有自己的判断力。其中公开信息，根据可信度依次包括公开披露的年报（一般是经过审计的）、第三方征信平台、公司官网、行业信息、商会信息、其他网站、社群信息等等。

三、请详细介绍一个 XXX 的案例。

有经验的面试官都会要求候选人举例子来说明你的经验、教训、能力、短板等方面。

像自我介绍一样，如果没有一个结构化的工具，很多候选人说着说着就乱了，造成了事实和观点前后不一致的情况。

推荐 STAR 模型，即描述情境（Situation）、任务（Task）、行动（Action）和结果（Result）。这样你就可以讲述一个完整流畅的故事，从情境开始，到给你分配的任务，然后是你采取了什么行动，最后达成什么结果。

举个例子，面试官要求你分享一个印象深刻的项目经历。应用"STAR"模型，可以这样描述：

情境：那个业务项目是在时间紧、任务重、人手缺乏，而且团队没有任何经验的情况下展开的。

任务：具体的任务是在 5 个月内，完成对华东下沉市场的调研，形成调研报告，提出公司下一步发展的建议。

行动：项目获得批准之后，我们马上成立了六人专项小组。不过团队缺乏相关经验，而且事关公司的发展方向。所以我们第一时间以最小的投入借助"外脑"——请了一个咨询顾问，做了全面的市场调研，同时对标领先的竞争对手。

结果：尽管项目执行过程磕磕绊绊，我们最后还是如期完成了项目。而且无论是时间、资源投入还是达成的结果等方面都符合项目目标的预期。

以上这个 STAR 模型的内容摘自我的第一本畅销书《每句话都值钱：优势谈判的 35 个沟通模型》。

四、为什么你觉得自己胜任这个岗位？

虽然这个问题看似问的是岗位，但是你的回答最好能围绕着以下三个点展开。

第一个是公司所处的发展阶段。比如，初创公司里往往一个人身兼数职，比如你是管人事的，同时也负责行政和采购。所以他们期待员工是个多面手，能者多劳。这时候你回答问题，就得展现出你的多元化能力，并且事事能独当一面。

如果你面试的是一家比较成熟的公司。他们更期待你有较高的专业性，对体系、流程、工具等方面有深入的了解和实践，同时，能够适应办公室政治。

第二个是工作内容描述。对于候选人来说，面对一份比较完善的工作内容描述，工作角色和职责的内容固然重要。但是更重要的是描述的后半部分，也就是"任职资格和要求"。它一般包括两部分：基本任职资格要求和优选任职资格要求。如果想强调你的胜任力，就要聚焦"优选任职资格要求"，你的陈述和回答和这部分的匹配度越高，胜算越大。

第三个是你和面试官交流过程中捕捉到的关于岗位的需求。这部分的信息确实是动态的，同时也是最有分量的。因为毕竟一份工作描述的信息是有限的，不够立体和丰富。在你和面试官交谈过程中，你能捕捉到很多关于新岗位的任职资格要求信息。如果你能有的放矢地做出陈述和回答,会让面试官眼前一亮。

职场心理学:凡勃伦效应

凡勃伦效应,是指当我们对他人的某一特质产生好感时,这种好感会扩展到对其其他特质的评价上。在面试中,我们可以巧妙地运用这一效应,提升自己的形象和竞争力。

首先,通过得体的着装、自信的姿态和流畅的表达,塑造出积极、专业的形象,让面试官对你产生好感。

其次,强调自己的过往成就,将之与申请职位的要求相联系,展现自己的专业能力和价值。

最后,凸显自己的代表性品质,如诚实、敬业、团队合作等,让面试官由这些品质推断你在其他方面也具备良好素质,从而对你产生更积极的评价。

如何给面试官留下好印象？

想象一下，你第一次约会或与心仪的对象见面，你会如何让自己留下好印象？若你衣衫不整、谈话时分心、表达含糊，可能就没什么下文了。面试其实就像相亲，要留下好印象，我们从面试官看到你的第一眼说起。

穿着得体

大多数情况下，面试是你和面试官的初次见面。你走进来的那一刻，面试官首先注意到的是你的穿着。你的着装将塑造你的第一印象，而第一印象的重要性无法用数字衡量。一旦留下坏印象，即使你后来投入再多时间和精力，也难以挽回。

因此，除非是艺术或创意类工作，或被告知要穿得个性化，否则我建议无论职位高低，都应穿着正装或商务休闲装。白色衬衫是商务场合的百搭之选。

得体的着装传递了三个信息：你是专业的、你重视这次面试、你尊重面试官。

注意聆听

因为工作的缘故，我有机会面试很多人，从一线员工，到执行总监。候选人也颇具多样性：刚毕业的大学生，职场小白，职场金领，当然也少不了"老司机"。不过大家似乎都面临同一个挑战：面试中该怎么更好地聆听？这不是简单地留给面试官一个好印象的问题，更重要的是你的回答是紧扣主题，还是不着边际。

有些候选人的表现是：看似专注却答非所问、看似理解却逻辑混乱、自我介绍时四处张望。

良好的聆听有三个层面。

用身体聆听。这是聆听的第一层面。身体聆听不仅要带上耳朵，整个身体也要参与其中。比如，身体前倾表现出兴趣，眼神专注表现出认真，面带微笑表现出谦逊等等。当你这样做的时候，面试官就可能倾向于分享更多的信息，这对你是非常有利的。

用大脑聆听。这是聆听的第二层面。它包括：专注他人的讲话内容，与自己的知识和信息做连接；探索他人的想法，获取他们的观点和关注点。以便在需要的时候举例引证；留意讲话者的口头线索。比如"第一""第二""第三"等证据论述。这样回答问题的时候更能有的放矢。

用内心聆听。这是聆听的第三层面。它是一种同理心，能与他人建立情感的联结。并且，聆听者需要避免自己的感受妨碍聆听。此外，它还包括理解讲话者的非语言线索。比如对方的表情、语气。比如，你在回答一个问题时用了很大的篇幅，然后你发现面试官已经表现出某种情绪的时候，你应该得体地停下来。

简洁明了

在小组面试中，我常看到这样的情形：候选人回答问题时说个不停，面试官不耐烦地打断。这就是因为回答不够简洁明了。或者，也可能是因为压根没有注意倾听，所以都不知道问题到底是什么。

简洁不是简单。简洁是能够言简意赅地表达答案的本质。以最常见的面试问题"请介绍你自己"为例，有些人详细列举自己的每段工作经历，甚至从出生开始讲述。其实，自我介绍应控制在三分钟以内。

我建议使用"总分总"的结构。

首先（总）：概述自己的工作经历。

然后（分）：分述遇到的挑战和如何解决了问题。

最后（总）：总结能力和价值贡献点。

下面我以自己为例演示一遍。

（总）：您好！感谢您的（大家的）时间。我叫卢山，英文名 Lucent。在过去的 20 多年，我一直深耕采购和供应链领域。

（分）：其中 17 年在世界 500 强，4 年在民企独角兽，还有半年创业的经历。这让我有机会深入了解和管理采购全品类的产品和服务。在这个过程中，我解决过很多复杂棘手的难题，也处理过很多起供应危机，这些都不断地在提升我的领导力、跨部门跨团队的协作能力和解决问题的能力。

（总）：而且，我一直在主动学习，积极适应不断变化的环境，也很幸运地取得了不错的成绩。因此在负责的业务体量上、职责范围上和团队规模上不断地在扩展。

以上就是我的个人简介。不到 300 字，我试了一下，正常语速 2 分钟之内可以完成。

职场心理学：积极聆听

积极聆听，是一种沟通技巧，其核心在于专注地理解对方的言辞，并传递出你已准确把握其意的信号。这通常涉及肢体语言的运用、提出问题以及重复对方的话语，以确认对其意思的准确理解。

在求职面试中，积极聆听是展现职业素养和技能的重要方式。它能让你留下深刻印象，因为这种聆听方式体现了耐心、敏锐和良好的交流能力。

例如，在面试官提问后，你可以在回答之后加上一句："我想确认我是否理解正确，您是想了解……？"或者"您能否进一步说明……？"这样的提问不仅展现了你的积极聆听技巧，也有助于你更准确地理解问题，从而作出最佳回答。

此外，在面试官分享信息时，你可以通过微笑、点头、直视等肢体语言来表达你的认真聆听。如果你需要时间来组织答案，你可以说："让我确认一下我的理解，然后我会回答您的问题。"这种做法显示出你对问题的重视和对答案的责任感。

面试完必做的一件事是什么？

面试结束后，你会立刻做的一件事是什么？我的建议是起草一封感谢信，向面试官表达你的感激之情。无论你对面试结果抱有怎样的预期，写一封感谢信都是恰当且有益的。

首先，这体现了你的职业素养。毕竟，面试官给予了你面试的机会，投入了宝贵的时间和精力，对此表示感谢是合情合理的。

其次，在感谢信中，你可以进一步争取这个工作机会，或者补充一些面试中由于时间限制或疏忽未提及的重要信息。这些信息可能会成为你获得工作机会的关键。

一封标准的感谢信通常包括三个部分（以下示例将详细展示）。

第一部分：真诚地表达感激之情。感谢面试官给予的面试机会、投入的时间以及分享的信息，这些给你带来了深刻的启发。表达时要真诚，并且内容要具体。

第二部分：展示你对这个工作机会的浓厚兴趣。仅仅表示兴趣是不够的，我建议你采用清单形式列出"为什么你是合适的/最佳人选"。要做到有理、有利、有节。

有理：根据工作机会的JD（工作描述）和面试官提供的信息进行阐述。有利：集中说明为什么你是合适的/最佳人选。有节：避免冗长，抓住关键点。

同时，不要忽视强调你对公司文化、愿景、价值观、战略等的认同。我希望你是真心实意的，否则一旦进入公司，受苦的是你自己！

第三部分：再次表示感谢，并表达希望能有再次面试或加入公司的机会。

最后，提醒一点：写感谢信的前提是获取面试官的公务电子邮件地址。这一点非常重要！为什么不能使用个人邮箱呢？因为面试官可能无法及时查看个人邮箱。而你的感谢信是有时效性的，一旦错过，机会就可能消失。

下面是我早期写的一封感谢信，供读者参考。

感谢您在XXX（时间节点，如今天、昨天等）百忙之中抽出时间为我进行面试。这次面试使我了解了公司未来的发展战略、供应链目前面临的挑战以及对候选人的期望。这让我对XXX（公司名字）有了更全面和深入的了解。

同时，基于以下资历，我自信完全有能力应对您所描述的挑战：

（1）作为一名从基层（初级采购员）成长起来的管理

者，我既重视战略规划，更重视执行落地。结果导向和用数字说话是我一贯的工作作风。

（2）管理单一源供应商，解决供应链风险一直贯穿于我20多年的职业生涯，因此积累了丰富的实战经验。

（3）我不仅在海外工作过，而且曾经领导全球采购团队，因此我深谙西方文化和规则。这对于与欧美供应商建立战略合作伙伴关系和全球供应链的布局会很有帮助。

（4）我曾经成功地在高速增长的民企发起和主导变革。这包括但不限于供应链体系、制度、流程的建立、优化以及组织结构重组和新建，职能建设和员工技能的提升，供应商资源优化等等。

（5）我高度认同XXX（公司名字）的使命和愿景，以及XXX的核心价值观。并且很想成为XXX（公司名字）的一分子，为改变世界做出贡献。（信息不仅要有出处，而且务必精准）

（6）源于我的个性以及在外企、民企和初创公司工作的经历，我有很强的企业家的"敢做"精神以及对待工作的激情。

同时，我一直践行着终身学习的人生信条：硕士学位，沃顿总裁班均是我自费完成。在不断跨行业和企业组织形式等等的工作经历中，我也在不断学习和成长。

我笃信在这个大变革时代，唯有不断学习才能立于不败之地。

再次感谢并期望有机会与您再谈。

此致

候选人：XXX　日期：XXX

职场心理学：有效反馈

有效反馈，是一种帮助我们向他人传达有关他们行为的信息的方式，这有助于他们了解自身的表现，并提供改进的建议。要做到有效反馈，我们需要以明确、具体和针对性的方式描述被评论者的行为，并注意语气和方式，确保信息能被对方接受。

在面试后给面试官发送感谢信时，我们可以运用有效反馈来展现专业素养和沟通能力，并表达我们的关注和承诺。以下是一些建议。

表达感激：在信中感谢面试机会和面试官花费的时间。这体现礼貌和尊重，为未来与面试官的互动奠定基础。

突出优势：回顾面试过程，强调自己的优点和特长，并提供相关实例来支持观点。这样可以让面试官更了解你的能力和经验，加强在他们心中的形象。

提问关键点：在信中提出问题或疑虑，以获取更多信息或更好理解。例如，"我想了解公司正在寻找什么样的候选人？"这样的问题既展示了职业素养，也表明了对工作的真正兴趣。

换工作了,怎么搞定背调和反向背调?

对于职场人来说,背景调查(简称"背调")是无法避免的。

以 W 为例,他一直在一家公司工作了 10 多年,中年时遭遇裁员后失业。经过一番努力,W 终于通过了一家公司的面试。然而,在等待新公司报到时,他却被告知背景调查未通过,新公司无法录用他!

问题到底出在哪儿?

过度美化简历

很多人的简历都有点夸大其词。比如,担心自己的经历不够硬核,杜撰岗位晋升的;只拿到了结业/毕业证书,却号称自己有学位的。W 也不例外。

在公司的 10 多年里,W 虽然兢兢业业,但是一直都没有得到晋升,所以职位几乎没有什么变化,更没有带过团队。虽然职级和工资看起来不错,可那是靠年头堆出来的。作为职场中年,这样的履历显然缺乏竞争力。于是,在一个朋友的参谋下，W美化了自己的简历：说自己有三次晋升，如今是一个带着4个员工的团队经理。结果做背调的时候，这部分被发现了。W只好承认："这四个人是他带过的新员工而已，充其量是徒弟，不汇报给他"。

态度不够端正

W对背调这事是陌生的。所以，当新公司HR提出要做背调的时候，W是问了朋友才略知一二。

想着自己在公司这么多年，大家都知道他。同时，他不想让熟人知道自己在找工作，于是，他找了个新来的同事做背调。遗憾的是，这位新同事既不了解W的工作经历，也没有配合别人做背调的经验。

结果是，面对HR的常规问题，这个新同事一问三不知。这让HR很不满意，认为你的态度有问题，不配合或者不重视背调这件事。这对于候选人来说是非常糟糕的。

找错被背调人了

因为这个新同事一问三不知，HR要求W再推荐一个了解他情况的同事。

这回，W推荐了一个自认为关系不错的老同事，结果直接"翻车"了——W那段不存在的晋升经历被这位同事揭穿了。当然了，背调之前，W和这位同事也没沟通过。

总结一下，要想顺利通过背调，务必留意这四点：

第一、简历尽量实事求是；

第二、让HR觉得你的态度很端正；

第三、别找"猪队友"；

第四、和为你做背调的同事提前沟通。

聊完了背调，我们再来聊聊反向背调，也就是对你即将加入的新公司进行调查。

反向背调在求职行为中已经日趋流行。根据前程无忧发布的《2022职场人求职行为观察报告》显示，96.7%的受访者表示在入职前或求职前，会对雇主单位进行"反向调查"。另外，仅有13.3%的受访职场人表示不在意风评差的公司。

为什么要做反向背调？

从个人角度来说，反向背调能帮助求职者更准确地匹配合适的工作机会。同时，反向背调的过程可以充分锻炼求职者的分析、洞察、逻辑思考和总结的能力。并且在梳理信息时，对自己的职业发展规划有更清晰的认知。

从企业角度来说，经历了反向背调之后仍选择入职的员工，对公司的认同感和忠诚度会更高。

反向背调，重点要了解什么？总结起来有三个方面：

公司的层面

你是否认可公司的使命、愿景、文化、价值观？这些决定了你工作的驱动力是"内驱"还是"外驱"；公司的管理是否得体（人性化）到位（专业化）？公司的离职率高不高？整体离职率和高管离职率都要看。两个离职率都揭示了公司的发展趋势。如果高管的离职率高，说明公司的文化可能有问题；公司在经营上是否有风险？

工作的层面

你是否认可工作方式和方法。比如，有些公司的工作方式就是文山会海，但是不解决问题；有些公司的工作方法就是可劲儿地内卷，美其名曰"赛马机制"。个人是否有好的发展空间，绩效考核是否公平合理，培训机会怎么样？

直接上级

直接上级决定了你能否过试用期、工作目标如何设定、绩效如何评估，是否有好的职业发展机会等等。所以我一直说：对于职场人，最重要的人是你的直接上级。

怎么对公司做反向背调？

网上搜索公司的背景

比如天眼查和国家企业信用信息公示系统等查看公司的基本信息。尤其要留意有各种风险提示的公司，频繁更换法人的公司。

利用社交网络查看公司的口碑

通过诸如脉脉、知乎等社交平台了解公司相关的信息。

也可以向圈里的朋友打听，或者加入目标公司当地的职场人互助群。

更厉害的做法是通过诸如"在行"这类的知识平台付费快速向知情人请教了解。

通过实习来实地考察

对于未雨绸缪的求职者来说，实习不只是一份工作，也是正式开始求职前，一次对公司的探索和调研。

职场心理学：社交媒体分析

社交媒体分析，是洞察个人或集体在社交平台言行的科学。它通过大数据技术，搜集并解读用户的言论、行为和态度，揭示他们的需求、喜好和兴趣。

在招聘环节，社交媒体分析为求职者和雇主提供了宝贵的背景信息，辅助双方做出更加明智的选择：

求职者可以借此了解潜在雇主的公司文化、价值观、员工反馈以及领导层的公开言论和行为，从而对公司的背景和领导风格有更深入的认识。

雇主则可以通过分析求职者在社交平台上的活动、互动对象和关注内容，获取他们的个人特点、价值观、能力及社交网络信息。

社交媒体分析为背景调查提供了丰富的数据资源，帮助双方作出更加全面的判断。然而，我们必须在利用这一工具的同时，尊重个人隐私，确保数据安全，并遵守相关法律法规及行业准则。

怎么快速全盘了解一个全新的行业？

我有一位从事供应链工作的朋友，在过去的 20 多年里，他成功地跨越了七八个不同的行业，且在每个行业中都有所建树。这部分得益于供应链本身具有跨行业的特点。然而，不同行业之间的供应链也存在着显著的差异。例如，医药行业的物流需要冷链运输服务，而有些行业则根本不需要。快消行业的产品更新换代快，而制造业的产品更迭速度较慢。

那么，他是如何游刃有余地跨越不同行业的呢？有一次，我和他讨论了这个话题，总结起来，有三个步骤。首先，快速了解一个行业。这有助于你抓住面试机会。其次，深入了解一个行业。这能帮助你顺利度过试用期。最后，不仅要实践，还要善于归纳、总结和输出你的思想和洞察。这将使你在未来的工作中更加得心应手。接下来，我们将按照这三个步骤逐一进行解析。

第一步：快速了解一个行业

关键词是"快速"。假设一家新兴行业的企业要面试你，而你只有一天准备时间,怎么办?

以终为始

列出关键问题清单,始终保持目标导向。

1. 行业概况和发展趋势

2. 行业里的主要企业和头部企业

3. 行业面临的关键挑战

4. 你的工作职能在行业里的地位和角色

方法途径

网上搜集行业基本信息+访谈行业专家。网上搜集信息的重要性无须多说,唯一注意的是要保持批判性思维。因为有些企业会付费请人编写信息,这些信息的真实性和准确性有待商榷。

访谈行业专家是最快也是最有效的方法。真正的行业专家是在一个行业工作多年的人,他们不仅对行业有深入的了解,还有自己的洞察和见解。花上一两个小时,专家可以把以上的四个问题讲透。

沉淀内化

在经历了步骤 1 和步骤 2 之后,你需要将所了解的要点转化为自己的语言,并刻意练习到没有违和感。在面试过程中,除了对答如流,提出好问题也非常重要。问题来源于痛点,所以在请教行业专家时,除了要了解行业的总体情况,也多了解一下行业面临的核心挑战、关键痛点和潜在的解决方案。

第二步：深入了解一个行业

关键词是"深入"。通过面试后，你开始为试用期做准备。面试前所获取的"快餐式"知识显然不够用了，你需要深入了解你所在的行业。

以终为始

列出关键问题清单。

1. 行业生态和发展趋势

2. 行业竞争格局分析

3. 行业面临的主要风险

4. 竞争企业 / 对手分析

5. 你的工作职责在行业里的地位、作用和价值

方法途径

各种可靠来源的报告 + 访谈行业专家。这里的关键词是"可靠"。在信息过量的今天，如何有效甄别信息的真假？

1. 是否来自官方或者权威机构 / 个人？

2. 是否是第一手信息，且备注信息来源？

3. 信息和数据统计口径在统计周期内是否保持一致？

4. 计算公式、模型和估算数据时用的各种假设是否合理？

5. 多渠道来源的信息是否相互不矛盾，能相互佐证？

沉淀内化

知行合一地应用于工作。在深入了解行业之后，你

开始将业务发展和行业发展联系起来。例如，在生物制药行业，产业链一直面临着被国外卡脖子的风险。在这个大背景下，国产化变成了一道必做题。如果你是一名研发人员，聚焦于关键产品的国产替代项目就是最好的知行合一。

第三步：不仅能实践，而且善于归纳、总结和输出

关键词是"输出"。教学相长，教是最好的学。根据"学习金字塔"，教授给他人不仅是一种主动学习，而且是所有学习方式中学习内容平均留存率最高的，达到90%！

更重要的是，要想教给他人，你自己首先要学习、理解、消化、吸收、总结、提炼、打磨，最后形成自己的思想和观点输出。所以，这个学习的过程就是不断升维的过程。如果你的输出还有原创的部分，比如模型、工具、方法论等等，那就更厉害了！

以终为始

列出关键问题清单。

1. 我是否已经学到了行业知识的精华？
2. 我对行业有哪些洞察？
3. 我归纳总结了哪些知识、模型和工具？
4. 我在工作中如何应用以上 1～3 点？
5. 我可以通过哪些渠道分享我的收获？

方法途径

各种可靠来源的报告 + 访谈行业里的专家 + 行业峰会、论坛 + 倒逼输出。输出的场合可以多种多样,典型的包括:企业内训、外部培训、校友分享、做演讲嘉宾、成为咨询顾问等等。

沉淀内化

终身学习者——坚持不懈地学习和输出。在充满高度不确定性的时代,大多数行业自身都经历着变化。

职场心理学:探究式提问

探究式提问,是心理学上的一种技巧,它通过一系列的深入提问,帮助我们对特定主题有更全面和深入的理解。

当我们想迅速掌握一个全新行业时,探究式提问显得尤为重要。首先,明确探究目标。例如:"我要了解这个行业的核心竞争力,以及他们对未来市场发展趋势的看法。"接着,准备一些开放式的问题。例如:"贵公司在这个行业中最大的优势是什么?"然后,在得到初步回答后,进一步追问。例如:"你们是如何应对市场需求的不断变化的?""你们如何看待该行业的竞争格局?"最后,根据收集到的信息,归纳总结。

如何打造个人品牌的"护城河"?

经济存量时代,个人品牌尤其重要。因为大浪淘沙以后,剩下来的就是品牌。这对于个人和企业是一样的道理。

如果你将自己视为生命中的最佳作品,那么个人品牌就是最佳的护城河。但什么是个人品牌的护城河?我们又该如何构建它呢?

护城河这一概念自古有之,原指人工挖掘的壕沟,灌入水后形成环绕城墙的河流,以保卫城池安全。1993 年,巴菲特在致股东的信中首次提出企业"护城河"的概念。他形容优秀品牌如同护城河,为企业提供了强大的竞争优势和长期保护。2000 年,巴菲特再次强调,一个伟大的企业首先应保持其护城河的宽度,防止被竞争对手跨越。

个人品牌的"护城河"与企业的相似,应具备以下三个特点

独特性:拥有他人难以模仿或复制的能力。例如,你可能是某项吉尼斯纪录的保持者。

口碑：提供被大众认可并愿意传播的产品或服务。比如，吴军的《硅谷来信》，万维钢的《精英日课》，刘润的《每天5分钟商学院》等深受好评的节目。

符号化：成为某种象征，为他人带来价值。比如，叔本华的"悲观"、尼采的"超人精神"或泰戈尔的"东方文化"。

要打造个人品牌的"护城河"，可以从以下五个方面着手

一、做人要正。

人要行得正，才能走得远。这里的"正"不仅是指心术要正，态度也要端正。不能老想着多快好省，急于求成。要构建又深又宽的护城河，是需要一点一点积累的。

举个例子，运营自媒体的人都知道，你只要肯花钱，就能买到流量，问题是这种效应只是昙花一现。因为买来的粉丝不是基于对你的认可，流失是早晚的事。

二、做事要专。

这个"专"不仅是指专业，也是指专一。

在这个知识过载，信息泛滥的时代，要保持专一变得更加困难了。问题是，在构建"护城河"的过程中，现在的每一次浅尝辄止都是未来的每一个功亏一篑。

三、持之以恒。

其重要性在于，你坚持的结果本身就成了常人所无法逾越的护城河。

比如，罗振宇的"罗胖60秒"。截至2022年12月21日，罗振宇完成了他的"十年之约"，总计发布了3 652条时长60秒的音频。这很有可能会成为一个没人可以超越的目标。不信的话，你可以自己试试录制60秒的语音。请注意！是60秒，不是大约60秒。多一秒少一秒都不行。然后先做上30天试试。

四、持续营销。

要打造个人品牌的"护城河"，闷声发大财的模式显然不适合。既然你自己是这一生最好的产品，那你就需要营销自己，而且需要持续不断的营销自己。营销的主要目的是让别人知道你的优势，不断增强你的护城河效应。以微信营销为例：你觉得一天要发多少条朋友圈算是有效的和有效率的营销？

五、持续发展。

持续发展的核心是稳定性。走得快不如走得稳，因为走得稳才能走得远。

而现实中，因为一件事就会让你的人设崩塌却屡屡皆是。明星吸毒、婚内出轨、不当言论、酒驾伤人等等。

你一辈子打造的品牌，会因为一次的不理智而毁于一旦。有护城河又有何用？

职场心理学：自我认知

自我认知，是指深入了解个人的性格、价值观、爱好、强项和弱点的过程。这一能力涵盖了对自身内在及外在特质的认识，以及对自我行为和情感的洞察。利用这一工具，人们可以精准地认识自己，进而在塑造个人品牌时发挥关键作用：

自我认知可以帮助我们清楚地了解自己的长处和优势，进而更好地做个人品牌定位。同时，它也可以帮助我们发现自己的短板。例如，如果一个人意识到自己在某些方面需要改进，如沟通技巧，那么他就可以通过学习和实践来提高自己的技能水平，从而更好地展示自己的品牌形象。

自我认知还能协助人们选出与自己兴趣和价值观相匹配的职业路径。例如，当一个人意识到特定职业与自己的内在追求不符时，可以转向其他更合适的领域，并制定更匹配个人品牌的策略。

你凭什么能和优秀的人一起"混"?

前几天,一个朋友给我发信息:"我们应该把时间投入到至关重要的人和事上,因为时间有限。另外,只有我们自己足够优秀了,才能吸引其他优秀的人。"

我问他,为何会有这样的感慨?他回答:"最近'受打击'了!"

"你,受打击了?!"我难以置信。这位朋友具备强烈的企业家精神,内心强大,是位成功的连续创业者。这样的人是不会轻易受到打击的。

朋友继续说:"最近,我有机会与一位跨国公司中国区的 CEO 交流了一个小时左右。从他那里,我再次领悟到这句话的深意:'一定要和优秀的人在一起,一分钟也不浪费。谢绝所有其他不重要的事情'。"

他说,与这位 CEO 的交流仅 58 分钟,却深受启发。在这短暂的时间里,他们探讨了宗教、人文、家庭和生死等话题,每 2~3 分钟一个话题,紧凑而高效。过去,他只是知道某些道理，而现在他明白了如何将这些道理付诸实践。

这位 CEO 在 40 岁时就成为中国区的掌舵人，背后是一整套优秀的基因、知识结构以及战略和战术的精准运用。在领英上，这位 CEO 朋友圈里有一半以上是全球的 CEO，其余的则是高管和创始人。因此，他大部分时间都在与这些顶尖的人物打交道。他的工作和生活都紧紧围绕着这些优秀的人，非常注重自己的时间管理，甚至是在"浪费"时间方面，比如娱乐活动，他也只与这些人一起度过。

我好奇地查看了这位 CEO 的领英档案，发现他的履历确实令人印象深刻。

阿里巴巴创始人马云显然是中国乃至全球范围内最优秀的人才之一。然而，马云并非从一开始就表现出色。相反，他的优秀之路充满了曲折和挑战：小学时，他曾两次期末考试不及格，考中学也失败了三次。经过三次努力，他才考上大学。他曾被哈佛大学拒绝十次；大学毕业后求职，他遭遇了三十多次拒绝，应聘警察、肯德基服务员甚至酒店门童都未能成功；创立支付宝时，所有的银行都拒绝给马云提供贷款；马云早年希望从美国投资者那里融资 500 万美元，但最终被拒绝。

马云曾经在一次演讲中说："不跟优秀的人在一起，你是不可能成功的！"

幸运的是，有一群优秀的人愿意追随他。从早期的

"十八罗汉"蔡崇信、关明生、彭蕾,到后来的曾明、王坚。

当阿里巴巴成长为一家国际化大公司,他身边聚集了越来越多想要和他"混"的优秀的人:有一年,马云在达沃斯发表演讲,现场异常火爆。门票瞬间被抢购一空,副总裁级别的人只能站着听。名单上,诺贝尔奖得主艾德蒙-菲尔普斯、沃尔玛国际业务总裁等显赫在列。菲尔普斯是马云的超级粉丝,他说马云让他想起了那些美国英雄,白手起家,创造奇迹。为了与马云对话,达沃斯论坛组委会特别请来了美国知名脱口秀主持人查理-罗斯。

"Hang out with people who are better than you."和比你优秀的人一起"混"。

这是巴菲特对一个孩子如何拥有成功人生的回答。想象一下,如果那个孩子继续问:"还有呢?"巴菲特可能会说:"首先,你要变得优秀!"

根据众多优秀的人的经历,我总结出了优秀的人具备的5大特征。

一、**三观要正。**

用一句话概括就是做对的事(愿力),把事做好(能力)。

管理学大师彼得·德鲁克曾经说:在管理上我最害怕看到的就是,一个人朝着错误的方向全速前进。

"做对的事"是从定性的角度考验一个人的愿力,它决定了你能爬多高;

"把事做好"是从定量的角度考验一个人的能力，它决定了你能走多远。

默克制药的创始人乔治·默克曾经说："我们要记住药物是为了患者。我们千万不要忘记，医疗是为了人民。它不是为了利润。如果我们记住这一点，利润会随之而来。"作为全球前5大制药公司，默克制药的发展之路也验证了这一点。

二、高度自律。

2012年澳网男单决赛，小德（对塞尔维亚职业网球运动员诺瓦克·德约科维奇的爱称）与纳达尔（西班牙职业网球运动员拉菲尔·纳达尔）大战5小时53分钟才分出胜负。小德在这场被评为"史上最伟大网球赛"中笑到了最后。知道他回到更衣室之后最想做的一件事是什么吗？尝一口巧克力！从2010年夏天开始，他就没有吃过一口巧克力。物理治疗师艾马诺维奇递来一根巧克力棒，小德掰下小小的一块含在舌尖让它慢慢融化，即便夺冠他也只允许自己吃这么多了。对于必须严格控制饮食以确保每天所摄入的达到最符合身体所需的小德来说，巧克力被列入禁吃名单。小德平均每天训练8小时，为了身体，他只吃无麸质食品。

自律给你自由。你有多自律就有多优秀，你有多优秀就有多自由。

三、坚持不懈。

若干年前,在马云的公寓里,他对大家说,"同志们,我们要努力工作,如果我们能取得成功,那么中国 80% 的年轻人就可以取得成功。"我们要做的就是不放弃,要学习阿甘,因为他纯粹,从不放弃。人们认为他很笨,但他心里知道自己在做什么。永远相信自己,不管别人如何看待,都始终坚持不懈。

四、主动学习。

优秀的人不是被动适应变化,而是通过主动学习拥抱变化。所以他们跟谁都能聊得来,放在哪里都是块好料。

文章开头提到那位朋友是个 70 后,不过我对他的评价是:有 60 后的稳劲,70 后的韧劲,80 后的冲劲,90 后的闯劲,00 后的创劲。

而这些都是他不断主动学习的结果。

五、自我改变。

自我复盘→自我批判→自我改变是我总结的经典三部曲。

通过自我复盘可以重现事情的全貌,通过自我批判可以聚焦到自己的不足,通过自我改变才有可能最终改变世界。

最后,要把优秀由一个状态,培养成一个习惯,逐步固化成生活方式,最后变成一种毕生的追求。

你凭什么能和优秀的人一起"混"?因为你也很优秀。

职场心理学：自我实现理论

自我实现理论，阐述了一个深刻的观点：我们如何看待自己的能力和价值，将直接影响到我们的行为和思考模式，进而影响我们是否能充分发挥潜力，达到更高的成就。如果坚信自己有能力成功，那么实现目标的概率就会大大提升。相反，如果对自己的能力和价值感到怀疑或恐惧，那么实现目标就可能变得困难。

在优秀人群中，自我实现理论的应用体现在3个方面。

增强自信：相信自己有能力与优秀的人并肩，将使我们更勇敢地接近优秀的人。

激发动力：当我们坚信自己有能力实现目标时，会更有动力、勇气和决心去追求。

建立自我认同：自我实现理论可以帮助我们找到适合自己的社交圈子和群体。

如何在有限的时间里通过阅读构建你的知识体系？

我曾经被问过一个问题：如何在有限时间内，通过阅读，构建一个知识体系？

提问者受到一位前辈的指点，认为他阅读过于广泛，建议他可以专注于自己感兴趣的领域，并努力建立起自己在这一领域的知识体系。他想知道如何选书，如何系统地构建某一领域的知识体系，或者是否有经验可以分享。

这个问题并不简单，我思考再三，在聊天回答时居然写了 1 500 字。尽管如此，其实也没有完全展开。索性我把它写成一章，对此问题深入探讨。

我将这个问题分解为 4 个部分，按照从原因到结果，从内在到外在，逐层深入的方式进行回答。

首先，是"感兴趣"，这是构建知识体系的原因和动力。真正的兴趣是持久的，它能够让你在遭遇困难时依然坚持下去。其次，"有限的时间"决定了我们如何分配和利用时间。

人的生命有限，真正可以用来学习和工作的时间更是宝贵。第三，"通过阅读"是我们获取信息和知识的途径，虽然我建议知识来源可以更加多元化。最后，"搭建知识体系"是我们的目标，而实现这个目标的最终目的是应用所学。

接下来，我将逐一深入回答这四个方面。

对于"感兴趣"，我们要问自己是否真的对一个领域感兴趣，而不仅仅是表面上的向往其带来的好处。人的天性是懒惰的，如果没有足够的兴趣，很难坚持下去。比如，你的个人年度计划清单上罗列的诸如健身、减肥、读书等等，真的是你感兴趣的项目吗？有多少坚持下来了？又有多少半途而废了？

真正的兴趣可以让我们进入一种忘我的状态，无论是任正非对长期战略的执着，巴菲特对投资的热爱，还是孙正义对信息革命的激情，都是兴趣驱使他们不断前行。

就拿巴菲特来说，他对投资浓厚的兴趣路人皆知。5岁时，就在家中摆地摊兜售口香糖。稍大后他带领小伙伴到球场捡大款用过的高尔夫球，然后转手倒卖。11岁，便购买了平生第一张股票。上中学时，除利用课余做报童外，他还与伙伴合伙将弹子球游戏机出租给理发店老板，挣取外快。

如今，90多岁的巴菲特依旧每天花几个小时读各种财务报表。曾有一个人问巴菲特如何把投资做得更好？巴菲特指着桌上一摞年报说：每天读500页像这样的年报。

如何判断自己对一件事情，是不是真正感兴趣？

我的建议是，多问自己几遍为什么感兴趣？要求是，你每次的答案都是不一样的，而且是层层递进的。这样做的目的是挖掘你对一件事情感兴趣真正的内在动力。如果这个内在动力足够强大，那应该可以持续做下去。

比如，问为什么对减肥感兴趣？

为什么要减肥？因为运动时不灵活。

为什么要减肥？因为想改善形象。

为什么要减肥？因为要找女朋友。

在"有限的时间"这个问题上，我们需要聚焦，可以通过下面的两个方法实现：

一、聚焦在一个或者几个有限的真正的兴趣上。相对于广泛的兴趣，这会节省你大量的时间。

二、在做这些你真正感兴趣的事情时，尽量做到心无旁骛，确保思路清晰连贯，效率才会有所保证。

关于"通过阅读"，选择适合的书籍是构建知识体系的关键。有以下几个建议：

一、搞清楚自己感兴趣的领域。做对的事，读适合的书。

二、获得老师、专家和朋友的推荐。最好是他们已经读过的，可以问问他们的收获，总结和感受。

三、参考可靠的推荐书单。比如，权威的，经过验证的，可以信赖的书单可以参考。对我来说，"得到"樊登读书会、中信出版社、比尔·盖茨推荐的书单属于这一类。

最后,"搭建知识体系"。这个过程大致是:

阅读→理解→消化→吸收→重构→输出→完善。如此反复并最后构建出一套知识体系。

阅读,是原始输入的过程,重点在于怎么阅读。

理解,是读懂书籍的过程,不仅理解书的内容,也可以体会作者的意图和他想呈献给读者的东西。

消化,是分解知识的过程。就像人体消化食物需要借助胃酸一样,消化知识的过程需要借助你已有的知识、经验、判断等等,将新的知识如庖丁解牛一样分解,为下一步的吸收做好准备。

吸收,是安置知识的过程。不过这时的知识是成点状,孤立存在的。

重构,是一个知识集成的过程。它让你将你学到的知识编织进你自己已有知识当中去,帮你形成自己初步的知识体系。

输出,是检验你构建的初步知识体系的过程。表现形式可以是多种多样的,沟通、演讲、写作、培训、问答等等。实践是检验真理的唯一标准。通过输出这个过程,你会发现知识体系中的种种不足。

完善,是让你构建的知识体系走向成熟的第一步。完善是根据你在输出过程中发现的不足之处不断优化的过程。

不管是输出还是完善，都既可以是内求的过程，也可以是外求的过程，或者两者结合的过程。内求的过程是只依靠自己的力量去发现不足并且加以完善。外求是指可以借助外部的力量来帮助你找出输出过程中的不足，并且提供不断优化的完善的建议。

职场心理学：自我决定论

自我决定论，揭示了人的行为和思维源自内心的自主与持续动力，而非外部激励或压迫。

在搭建个人知识体系时，自我决定论的应用体现在以下几个方面：

激发内在动力：通过设计吸引人的学习主题、内容和学习体验，引发学习者的好奇心和探索欲，进而增强他们的内在动力，促进知识的吸收和积累。

促进自主性：人们实现潜能和目标需要自主性。因此，应创设一个支持学习者自主性的环境，使他们能自由探索和学习。

助长自我实现：人的行为和思维根植于内心的自主与持续动力。因此，应为学习者提供实现个人潜能和目标的机会与支持，帮助他们培养自我实现的能力。

如何把 1 年的经验当 10 年用?

网络上有这样一句话:"你所谓的 10 年工作经验,不过是将 1 年经验重用了 10 年。"那么,为什么会这样呢?让我们来分析一下。

首先,当你手中拿着锤子,眼中看到的都是钉子。在这个情境中,这把锤子就是你的"1 年经验",而所有的钉子就是你 10 年来遇到的所有问题。然而,现实中,问题可能不仅是钉子,还可能是锤子本身,或者是使用锤子的人,甚至是任何一个与钉子无关的东西。如果你只是盲目地用你手中的锤子去解决问题,显然是无法真正解决问题的。这是一个认知问题。

其次,世界在变化,但你还总是想着用老方法来解决新问题。这种思维模式的根源在于我们大脑的路径依赖产生的惰性。用熟悉的方法解决问题,大脑的能量消耗最少。这就是习惯的问题。

那么,如何将 1 年的经验发挥出 10 年的价值呢?

假设你加入了一家新公司,一切都是全新的:全新的行业,全新的产品和服务,全新的团队,全新的人际关系,全新的客户和供应商关系。在这种情况下,你工作了1年,积累了一些经验。你可能会遇到一些老问题,也可能会遇到一些新问题。那么,你该如何应对呢?

老方法可能还能解决部分老问题,但完全无法解决新问题。

以下是一些可能对你有帮助的方法:

换个角度思考:向领导、同事和同行请教,学习更好的方法。别拘泥于自己的认知,无知并不可怕,可怕的是无知却以为自己知道。这种方法可能会让你的效率提升至少3倍。

举两个例子:

寻找全新行业里有能力的供应商,可以通过网搜、行业展会等传统的方法。也可以借助"外脑"。

这个"外脑"可以是需要付费的咨询公司。好处在于咨询公司可以提供一条龙服务,从找有能力的供应商,到收集基本信息,到评估和规避各种风险,到价格征询等等。要不要用主要看投入产出比(ROI),如果能够抢占先机,你的CEO会批准这笔咨询费的。

这个"外脑"也可以是各大专业社群。我常年在几个知名且活跃的采购和供应链管理社群里。每天都有小伙伴问各种跟寻源，询价，了解背景相关的问题。社群里藏龙卧虎，资源丰富。很多问题可以找到有价值的答案，比自己从头学从头做效率不知道高多少倍！

如果恰逢组织转型期，关键岗位是"一把抓"，还是分级管理？

"一把抓"是指领导既管理直属团队，又参与前线团队关键岗位的人员梳理、面试等环节。分级管理是传统的一级一级对下管理，对上负责的管理方式。组织转型期，变革需要快！所以"一把抓"可能更合适。具体情况就见仁见智了。

改变习惯，优先解决重要问题。考试的时候，你是先做容易的题目，还是难的？

面对一堆棘手的问题，你是先解决容易的，还是难的？

组织转型的时候，是先整体后局部，还是先局部后整体，还是齐头并进？

在面对问题时，人们倾向于先解决容易的问题，因为这样耗费的大脑能量更少。但是，容易的问题可能并不是最重要的问题。因此，我们需要克服习惯的惯性，让大脑离开舒适区。

随时复盘，避免陷入具体问题。在解决问题的过程中，我们需要保持全局观，避免忽略关键问题，同时通过复盘找到更好的方法，这样可能会让你的效率提升2倍。

行动力：在任何时代，快都是制胜的法宝。不喊口号，落在行动上，用结果说话！

最后，我们算一笔账：

换个角度思考，借助"外脑"可以让你的效率提升至少3倍；

改变习惯，要事优先可以让你的效率提升至少1.5倍；

随时复盘，避免犯同样的错误时效率没有提升；但是如果你通过复盘找到了更好的方法可能使你的效率提升2倍。

超强的行动力可以让你的效率提升 1～1.5 倍。

$3 \times 1.5 \times 2 \times (1 \sim 1.5) = 9 \sim 14$ 倍！

通过以上方法，你的效率可能会提升 9 到 14 倍。这就是如何将 1 年的经验发挥出 10 年的价值。

职场心理学：挑战思维

挑战思维，可以帮助个体打破既定的思维模式和行为习惯，并寻求新的解决方案。通过质疑、反问和探索等方式，让人们更广泛地看待问题，从而发现新的视角和解决方案。

比如，你是一名市场营销专员，负责推广公司的产品。过去一年，你已经积累了不少经验和成功案例，但你发现自己总是使用同样的方法和策略来推广产品。这时，你可以运用挑战思维：

首先，你可以对自己的思考进行反问，例如："我们目前使用的策略是否最有效？"，"是否存在其他的方法可以试试？"

然后，你可以探索其他公司或者行业的营销策略和实践经验，并尝试将这些相对陌生的概念和想法，应用于自己的工作中。

最后，你可以通过试错、学习和反思等方式，持续改进和优化自己的营销策略和方法。

64 中年人如何避免油腻,提升职场竞争力?

一提到中年人,你可能会联想到那些肩负家庭与事业重担,处于人生夹缝中的群体。或者是那些眼袋松弛,身材走样,思维僵化,日常枸杞茶不离手的人。更有甚者,可能仅仅想到"油腻"一词。

1965年,当加拿大心理学家埃利奥特·贾克斯提出的"中年危机"理论时,并未得到广泛认同。畅销书作家丹尼尔·平克在《时机管理》一书中指出,心理学家们并未找到支持"中年危机"理论的证据。

中年危机是否存在并不重要,更重要的是中年人的自我感受及他人对他们的感受——比如那些油腻的中年人。

《大器晚成》一书中提道:

"*人从出生到老去,每个年龄段都会获得其他年龄段不具备的优势*"。

因此,年轻是优势,中年亦是优势,而且可能是一种更大的优势。

中年人的优势

认知能力优于年轻人

中年人该掉的坑都掉了，该趟的雷都趟了，原来不信的"邪"全都信了。而年轻一代呢，他们激情万丈，豪情满怀，感觉没有什么是自己解决不了的，因此也很难听人劝。

有一次，记者想请新加坡总理李显龙给年轻人一些忠告。李显龙说："对年轻人的忠告，我看不需要吧。年轻人是从来不听忠告的"。

经历更丰富

人到中年，多年的工作经历让他们积累了大量的知识和经验，让他们在语言能力、空间知觉能力、推理能力等方面，都有着优于年轻人的表现。

"实践出真知"，这里的"知"就是知识、经验和认知。没有足够的时间历练，自己不躬身入局到第一线，"知"就无从谈起。

情绪更稳定

情绪是否稳定和生理年龄直接相关，因为情绪管理是由大脑的两个器官负责的——"边缘系统"与"前额叶"。其中，"边缘系统"负责产生情绪，而"前额叶"负责控制情绪。一个人的情绪是否稳定是"边缘系统"与"前额叶"博弈的结果。

挑战来了,"边缘系统"在青春期就得到快速发育,而"前额叶"一般要到25岁以后才能完全成熟。因此,在25岁以前二者的博弈中,负责理智、自控的"前额叶"常常失败,外在表现就是年轻人无法完全控制自己的行为。

善于处理复杂问题

因为中年人经历过更多事情,在不同领域积累了丰富的综合经验,这让他们能在关键时刻镇定自若地解决复杂的问题。

这里的"复杂"指的是问题本身涉及的各种关系。举个例子,如果只涉及一个人,那这个问题不复杂。如果涉及两个或者两个以上的人,那这个问题有点复杂。如果涉及更多的人、组织、国家,那就变得非常复杂了。

社会的中流砥柱

上有父母长辈,下有儿孙满堂。中年人一直都在扮演着承上启下的重要作用。尤其是当世界上很多国家开始进入或者已经进入老龄化社会,中年人肩上的担子就更重了。

同时,企业里的管理岗位,尤其是高管职位,大多都被中年人占据着。由此可见,中年群体能否发展得好,在很大程度上将决定社会的走向。

中年人如何提升职场竞争力呢?

拒绝油腻

内外兼修——改变外在,提升内在。

改变外在的主要方法包括调理饮食，加强运动，改善体型，关注形象管理，把生活过得有仪式感。

改变内在包括调整心态、放下身段，拥抱变化，不断学习，学会和年轻人的相处之道更是关键。

提炼行业经验

多数中年人在行业中都积累了很多经验，如果能提炼一下，就是年轻人眼中的宝贝。

中年人的经验可以是：

1. 行业发展历史
2. 行业发展规律、规则、趋势和动态
3. 行业的问题和痛点
4. 行业信息资源
5. 行业人脉资源
6. 行业客户和供应商

经营有效人脉

人脉为什么重要？举个例子，A 和 B 两个人都想换工作，并且看中了同一个职位。A 有优质的猎头资源可以推荐他，也可以请认识的企业家朋友帮他内推。B 手上没有什么资源，只能在招聘网站上自己投简历。A 和 B 哪个胜算大？答案是显而易见的。

什么是人脉呢？我的定义是：基于双方认可的价值交换。至于代表价值的价格到底是不是对等并不重要，重要的是双方感觉是对等的就够了。

处理人际关系

因为中年人稳定的情绪,丰富的阅历以及职场亲和力,所以往往更善于处理好人际关系。而处理好人际关系的底层逻辑是你不仅能和他人和平相处,也能带动他人,影响他人,无论是一起完成一任务,还是一起做出改变。

培养团队

作为中坚力量,中年人可以担负起传帮带的作用,无论是对于初入职场的新人,还是希望在职场持续发展的老员工。

通用电气一直有一个传统,给新人安排一个老员工作为工作搭子,协助新人尽快适应新环境,更加轻松地度过试用期。

对于高潜员工,公司会让你选择你的职场导师(清一色的中年人)。导师定期和你做一对一沟通交流,解决你职业发展中的困惑,为你的职业规划把脉。

领导力

领导力就是影响力,也是职场上的核心竞争力。

随着社会的发展,早已经过了单打独斗的年代,我们大多数时候需要影响更多人去完成一件事。如果中年人能不断提升自己的领导力,就能成为职场常青树。

孔子说:

三十而立,四十而不惑,五十而知天命,六十而耳顺,七十而从心所欲,不逾矩。

人要想独立，差不多要到30岁这个心智比较成熟的年龄。同时，每个年龄段都有每个年龄段的特点和优势。如果都能充分利用，将会发挥很大的价值。这也是为什么我说：中年不是没有优势，关键在于如何挖掘、发现和应用这个优势。

奔跑吧，中年人！

万里归来颜愈少，此心安处是吾乡。

职场心理学：积极心态训练

积极心态训练，目标是培养积极的思维模式与态度，帮助你更好地应对变化和压力，同时增强你的情绪稳定性和抗压性。对于职场中年人来说，我们可以将积极心态训练运用于"中年人发掘并利用自身优势，提升职场竞争力"的情境中：

认识问题：认识到如求职竞争、技能更新等问题的存在，借助积极心态训练，从正面视角审视自身与环境，寻求解决方案并付诸实践。

积极思维：培养积极的思维模式，如展望未来，看到机遇而非挑战，寻求解决之道而非抱怨。

技能提升：学习新技能，了解新兴产业趋势，并在社交媒体上拓展人脉，以增强职场竞争力。

自我反思：通过自我反思和评估，明确自己的优劣势，发掘并专注于自身优势，从而提升自身价值与竞争力。

职场中年人还有能力选择吗?

选择的重要性不言而喻,因为选择决定方向。一旦方向错误,努力就可能白费。人生是由一连串、不断交替的选择构成的。因此,决定我们人生轨迹的,并非命运,而是我们做出的各种选择。

费斯汀格法则告诉我们,生活中有 10% 的事情是我们无法控制的,而剩下的 90% 则取决于我们如何应对这些事情。我们的选择就是我们应对生活的方式。换句话说,生活中有 90% 的选择权掌握在我们自己手中,而只有 10% 是由事情本身的性质、趋势、时间节点等因素决定的。

选择合适的工作才能发挥优势

一位研发工程师,技术非常出色,难题攻克无数,还在技术期刊上发表过论文,被誉为技术小能手。后来,领导让他带团队,他虽然接受了这个任务,却发现自己并不擅长与人打交道,也不适应团队管理的工作。半年后,他的团队人员纷纷离职或转岗，他也在公司失去了自己的专业地位，最后不得不离开公司。

这个例子告诉我们，在分配工作时，需要考虑员工的匹配度和胜任度，让专业的人做专业的事才能发挥最大效益。对于员工来说，面对一个机会，也需要理性地考虑是否适合自己。毕竟，对于工作而言，从来没有绝对的好与坏，只有适不适合。比如，有人更适合做个人贡献者，有人更适合做团队管理者。如果选择不当，结果可能适得其反。

选择比努力重要，但有前提条件

一位40岁的高级经理失业后，开始疯狂投简历，寻找一线大厂的工作机会，但忙碌了很久却一无所获。在和HR及猎头朋友的交流中，他抱怨自己的才华无法得到发挥。HR朋友告诉他，现在是就业寒冬，工作非常难找。如果他仍然希望进入大企业，那么在40岁的年龄，他最好能够达到总监以上的级别，这样他的机会才会更多。

因此，尽管我们常说选择比努力更重要，但只有通过努力，我们才能获得选择的机会和能力。

未雨绸缪才有更多选择

一个45岁的副总裁离职后，打电话给一个朋友询问进咨询公司的机会。因为在他38岁那年，这位朋友曾经推荐他进一家世界顶级咨询公司工作。然而,由于没有咨询公司的工作背景,且客户资源不足,他无法达到合伙人的级别,而且还需要背负沉重的销售指标,这让他感到压力巨大。

经过深思熟虑,他选择了成为自由职业者,成为独立的咨询顾问和培训师。这个选择让他感到非常庆幸,因为过去概率他在认知和技能方面不断提升,并积累了一定的资源和人脉。

这个例子告诉我们,如果我们在企业中选择了安逸,那么在中年离开企业时,我们的选择就会受到限制。

人生由我不由天

梅耶·马斯克,特斯拉公司创始人埃隆·马斯克的母亲,为了逃离家暴的前夫,坚决选择了离婚。后来,通过不断学习和工作,她不断提升自己的学识、见识、独立性和修养。在69岁时,她成为纽约时代广场的模特。在71岁时,她出版了自传《人生由我》。梅耶·马斯克的故事告诉我们,人生的选择权在我们自己手中,我们需要勇敢地做出选择,而不是等待或依赖他人。

最后,用两本书里关于选择的两句话作为结尾。

《第三选择》中的一句:

这不是你的方式,也不是我的方式。这是一个更高级的方式。它比我们任何人以前想到的都要好。我称之为"第三选择"。

《活出生命的意义》中的一句：

人类最终极的自由，就是选择的自由。

希望人生任何时刻，你都一定有选择，而且一定要选择。

职场心理学：习得性无助

习得性无助，是指人们在经历无法改变的消极事件后，对未来失去信心和控制感的一种心理状态。这种心态会让人对潜在的挫折抱有更消极的预期，进而在相似情境中表现出无力、冷漠和放弃的行为。

例如，职场中年人可能因年龄等因素处于不利地位，经历连续的挫折，如晋升无望、加薪受阻，甚至遭遇失业，长时间找不到工作。这些经历可能使他们逐渐产生习得性无助的心理。

要避免习得性无助，可以采取以下策略：

调整心态：积极思考，关注自身优势，发掘潜力，增强自信。

寻求支持：向家人、朋友、同事寻求帮助，分享困境，获取积极反馈和建议。

重新设定目标：失败后不放弃，设定新目标，制定新计划，尝试更有效的解决方案。

学习提升：通过学习新技能和知识，提高竞争力，增加自信，从而改变现状。

人到中年,有哪些现象比工资低更可怕?

2019年裁员潮中,甲骨文的裁员事件引起了热议。这不仅因为事发突然,公司只给被裁员工15天的时间准备,还因为那句戏言:"北京最大的养老院倒了。"甲骨文曾经以其宽松的工作氛围和优渥的福利待遇,如每月两天带薪病假、额外商业医疗保险、上下班不打卡、自由分配工作时间等,被许多人羡慕,并戏称其为"养老院"。

然而,此次裁员的平均年龄是37岁,正值中年。在中国互联网行业,尤其是程序员界,这个年龄毫无优势。加上大外企的"一个萝卜一个坑"现象,员工技能单一。如果过去选择了安逸,没有冒险和奋斗,就可能变成"温水里的青蛙",难以飞跃。

华为也曾因"清退34岁以上员工"的传闻引发争议。虽然华为后来澄清,实际上是综合考虑了员工年龄、在职年份、考核评级、职位职责等多因素,通过算法计算出的一个虚拟"奋斗年龄",并非单纯指真实年龄,但这仍让中年人感到寒意。

华为创始人任正非在一份内部讲话中表示:"30多岁年

轻力壮，不努力，光想躺在床上数钱，可能吗？"他鼓励员工奋斗，并以自己的拼搏经历作为榜样。

中年人的生活压力巨大，家庭负担达到峰值，体力逐渐下降。姜文在《狗日的中年》一文中形容中年是个"卖笑的年龄"，既要讨好长辈，又要成为儿女的榜样，还要关注配偶的脸色，迎合上司的心思。

实际上，中国已经进入老龄化社会。根据国家统计局数据，我国老年人口占比在2021年超过14%，进入深度老龄化社会，2031年将超过21%，进入超老龄化社会。

随着人类平均寿命的延长，现在的老年人其实是中年人，而我们这样的中年人还算是"年轻人"。但这个"年轻人"群体确实存在一些问题。

没有成为专家，却变成了"杠精"

"中年杠精"一般有三个特征：

一、我知道。

"小P孩，我都人到中年了，走过的桥比你走过的路还多，我还有什么不知道的！？"

有一句话说得好：阻挡我们进步的不是我不能，而是"我知道"。什么都知道了，还怎么进步呢？

这让我想起了达克效应，简单说就是一种认知偏差，认为自己什么都知道。只有随着认知的完善，他们才会意识到自己的不足，然后唯有通过不断学习，才能逐步达到真正意义上的优秀。

二、你不对。

甭管你说什么，"中年杠精"一定和你唱反调。美其名曰"批判性思维。"事实上，批判性思维是指不断反思自己的想法，使自己的想法变得公正合理。所以批判性思维的第一步是要批判自己的行为，而不是批判别人的。

分享下思维水平的三个层级：

第一种人，从不进行自我反省，他们坚信自己的行为毫无问题，一切都依赖于直觉。

第二种人，选择性地进行反思，缺乏公正性，对他人和自己的要求采用不同标准，表现出双重标准。

第三种人，将反省公之于众，让他人知道自己的错误，并且始终保持着公平和合理。

三、我不管。

你和我讲事实，我和你说观点。你和我讨论观点，我和你解释认知。发现你的认知居然比我高，那我就把问题推给价值观不同上……这叫萝卜白菜各有所爱。我才不管什么是事实呢！

没有到达目的地，却失去了方向

"悟空问答"上有这么一个问题：人到了中年，突然失去了方向。每天习惯性的焦虑和迷茫，我们活着到底是为了什么？这个问题被收藏了1 224人次，有479个回答。

张爱玲在《半生缘》里写道:

"中年以后的男人,时常会觉得孤独,因为他一睁开眼睛,周围都是要依靠他的人,却没有他可以依靠的人。"

奋斗的年龄过去了,往后余生似乎平庸得清晰可见。没有激情,没有动力,没有斗志,好像一切都在走下坡路了。

思维停滞不前,体重却在疯长

Hi,"枸杞中年"!知道什么是二次元吗?知道什么是新生代吗?知道什么是移动互联网原住民吗?

Hi,"油腻中年"!知道消耗脂肪最有效的运动叫什么吗?不知道?!叫 Tabata!"

"没大没小的!我没有放弃你,只是放弃了我自己。"中年男人心里愤愤不平。

如果想要在职场上飞得更高,中年人要问自己几个问题:

1. 是否还有工作激情,干劲十足,凡事都冲在前面?

2. 是否还愿意接受变化,拥抱成长思维而不是固定思维?

3. 是否还会主动沟通,而不是因为年龄资历拉不下脸来?

4. 是否始终还在学习,并笃信只有不断学习才能立于不败之地?

5. 是否充分利于自己的资历,帮助领导传帮带还是事不关己高高挂起?

如果以上问题的否定答案超过三个,就需要改变心态和行动。如果有三个以上的肯定答案，那么恭喜你，你很棒!

罗曼·罗兰说：

"世界上只有一种真正的英雄主义，那就是在认识到生活的真相后，依然热爱生活。"

职场心理学：自我激励

自我激励，是一种内在驱动力，可以帮助我们在完成任务或达成目标时不断提升自我能力和表现。它包括积极思维、目标设定与执行、自我奖励等策略。

中年人应如何运用自我激励工具呢?

培养积极心态：以积极视角看待生活问题和挑战。

设定明确目标：例如完成新项目或学会新技能，有针对性地制定计划和策略。

制定行动计划：分阶段设定计划和小目标，逐步实现长远目标。

给自己适当奖励：如观看电影或享受美食，提高自我满足感和动力。

寻求他人支持：分享计划和进展，获得支持和鼓励，增强自信和动力。

学习新技能：拓宽视野，增加竞争力，保持对工作和生活的热情，应对变化和挑战。

写在最后
"三力"合一,未来可期

职业精进,不仅是职场竞争力的体现,更是实现个人价值和追求幸福人生的必由之路。在这个过程中,"执行力""领导力"和"学习力"成为三大关键要素,它们是推动职业精进的核心能力。具体来说,**执行力是职场生存阶段的关键能力,领导力是职业发展阶段的核心能力,学习力则是职业转型阶段的重要能力**。这三大能力相互独立,却又相互补充。

领导力 + 执行力 = 躬身入局
执行力 + 学习力 = 精益求精
领导力 + 学习力 = 天下无敌

在职场生存阶段,执行力至关重要。面对各种工作压力和挑战,我们需要快速、高效地完成任务。具备强大执行力的人,通常具备良好的组织协调能力、时间管理能力和问题解决能力。同时,执行力也需要不断加以培养,例如制定计划、建立优先级、保持专注等方法都可以帮助我们提高执行力。

在职业发展阶段，领导力变得尤为重要。随着职业发展的深入，一个人需要具备更高层次的资源整合、人际沟通和决策能力。而领导力正是帮助我们实现这些目标的关键因素。拥有领导力的人，通常具备很强的沟通协调能力、全局思维能力和创新意识。同时，领导力也需要不断地发展和提升，例如接受多元化的工作经历、参加专业培训等方法都可以帮助我们提升领导力。

在职业转型阶段，学习力成为最重要的核心能力。面对不断变化的技术和市场，一个人需要及时地学习新知识、掌握新技能，并适应职业转型的需要。学习力是实现职业转型的关键因素，它涉及知识、技能和思维能力的全面提升。拥有强大的学习力，可以帮助我们更好地适应职业转型的需求，从而保持竞争力。

"三力"合一，未来可期。**只有将执行力、领导力和学习力相互结合，才能建立起一套完善的职业精进体系，并在职业生涯中实现自我价值。**

参考书目

(按文中出现先后顺序排列)

文前

《爱丽丝梦游仙境》(英)刘易斯·卡罗尔 著.张晓路 译.北京:人民文学出版社.2015.

《大智度论》(印)龙树造 著.(后秦)鸠摩罗什译.上海:上海古籍出版社.1991.

《干法》(日)稻盛和夫 著.曹岫云译.北京:机械工业出版社.2019.

《六项精进》(日)稻盛和夫 著.曹岫云译.北京:人民邮电出版社.2021.

《百岁人生——长寿时代的生活和工作》(英)琳达·格拉顿,安德鲁·斯科特 著.吴奕俊译.北京:中信出版社.2018.

《全新思维——决胜未来的6大能力》(美)丹尼尔·平克 著.高芳译.杭州:浙江人民出版社.2013.

第一篇

《金领手记》 李国威.杭州:浙江人民出版社.2010.

《你就是答案》 武志红.北京:北京联合出版公司.2016

《杀不死我的必使我强大:创伤后成长心理学》(英)史蒂芬·约瑟夫 著.青涂 译.北京:北京联合出版公司.2016.

《情商:为什么情商比智商更重要》(美)丹尼尔·戈尔曼 著.杨春晓译.北京:中信出版社.2010.

《心理韧性的力量》(美)道格·亨施 著.李进林 译.北京:北京联合出版公司.2017.

《每句话都值钱:优势谈判的35个沟通模型》 卢山 著.北京:中国水利水电出版社.2020.

第二篇

《商业的本质》（美）杰克·韦尔奇，苏茜·韦尔奇 著 . 蒋宗强 译 . 北京：中信出版社 . 2016.

《管理的实践》（美）彼得·德鲁克 著 . 齐若兰 译 . 北京：机械工业出版社 . 2018.

《共情的力量》（美）亚瑟·乔拉米卡利，凯瑟琳·柯茜 著 . 北京：中国致公出版社 . 2018.

《重新定义公司》（美）埃里克·施密特，乔纳森·罗森伯格 著 . 靳婷婷 译 . 北京：中信出版社 . 2019.

《社交的本质——扎克伯格的商业秘密》（美）兰迪·扎克伯格 著 . 谢天 译 . 北京：中信出版社 . 2016.

《人性的弱点》（美）戴尔·卡耐基 著 . 路茫 缩写 . 上海：上海文化出版社 . 1986.

《苏世民：我的经验与教训》（美）苏世民 著 . 赵灿 译 . 北京：中信出版社 . 2020.

第三篇

《未来简史：从智人到智神》（以）尤瓦尔·诺亚·赫拉利 著 . 林俊宏 译 . 北京：中信出版社 . 2016.

《时机管理：完美时机的隐秘模式》（美）丹尼尔·平克 著 . 张琪 译 . 杭州：浙江教育出版社 . 2018.

《大器晚成——乾坤未定，你我皆是黑马》（美）里奇·卡尔加德 著 . 范斌珍 译 . 天津：天津科学技术出版社 . 2020.

《人生由我》（加）梅耶·马斯克 著 . 代晓 译 . 北京：中信出版社 . 2020.

《第 3 选择》（美）史蒂芬·柯维 著 . 李莉，石继志 译 . 北京：中信出版社 . 2013.

《活出生命的意义》（奥）维克多·弗兰克 著 . 吕娜 译 . 北京：华夏出版社 . 2010.